GOTTESDIENST PRAXIS SERIE A

Arbeitshilfen für die Gottesdienste
zu den Sonn- und Feiertagen
des Kirchenjahres

Herausgegeben von Erhard Domay

Gütersloher Verlagshaus

GOTTESDIENST-PRAXIS

V. Perikopenreihe

Band 3: Rogate bis 9. Sonntag nach Trinitatis

Gütersloher Verlagshaus

Die Deutsche Bibliothek - CIP-Einheitsaufnahme

Gottesdienstpraxis. - Gütersloh : Gütersloher Verl.-Haus.

Ser. A, Arbeitshilfen für die Gottesdienste zu den Sonn- und Feiertagen des Kirchenjahres.
Perikopenreihe 5. hrsg. von Erhard Domay.
NE: Domay, Erhard [Hrsg.]; Arbeitshilfen für die Gottesdienste zu den Sonn- und Feiertagen des Kirchenjahres

Bd. 3. Rogate bis 9. Sonntag nach Trinitatis. - 1995
ISBN 3-579-02887-1

ISBN 3-579-02887-1

Umschlagentwurf: Franz Wöllzenmüller, Oberhaching
Umschlagbild: © Benedikt Werner Traut, 79194 Gundelfingen
Brennpunkt 1972, Farbholzschnitt 58 x 66 cm
Satz: Fotosetzerei Steggemann, Herford
Druck und Bindung: Ebner Ulm

Gedruckt auf chlorfrei gebleichtem Werkdruckpapier

Printed in Germany

Inhalt

Rogate

Annäherungen an den Predigttext Matthäus 6,(5-6), 7-13,(14-15)

Friedrich Holze

Gesprächsteilnehmer und -teilnehmerinnen waren kritische Gottesdienstbesucher und -besucherinnen und Gemeindeglieder

Ehrlich gesagt: Ich bin gleich über das Wort *»Vater«* gestolpert. Früher war das eine ehrfurchtgebietende Gestalt, die leitet und führt. Heute sehe ich als Vater eher einen jeansbekleideten Kumpel vor mir.
Dabei frage ich mich: Müßte man nicht grundsätzlich von dem Wort »Vater« Abschied nehmen? Durch diese Anrede ist das Gebet von einem ganz und gar patriarchalischen Grundgedanken durchzogen. Gibt es bei uns eigentlich schon Versuche, das »Vaterunser« in eine moderne und zeitgemäßere Form zu bringen? Ich erinnere mich an eine Diskussion, die gerade in Amerika geführt wird. Gott soll da zugleich als »Mutter« angesprochen, also bisexuell verstanden werden. Also statt »Vaterunser«: »unsere Mutter und unser Vater« bzw. »unsere Eltern im Himmel«!
Ich verstehe die Anrede »Vater« anders: Jesus versucht Gott zu vermenschlichen, ihn den Menschen näher zu bringen. Wenn ich Gott als »Vater« anspreche, dann klingt das menschlicher als wenn ich ihn »Gott« anrede. Gott wird mir dadurch näher gerückt. Ich habe mich durch diesen Gott, den Jesus als »Vater« anspricht, immer behütet und beschützt gefühlt. Außerdem finde ich diesen Gott wesentlich entgegenkommender als den Gott des Alten Testaments.
Überhaupt der *»Himmel«!* Wo ist der eigentlich? Ist er über uns, ein Jenseits, etwas neben oder in uns? Was haben die Juden unter dem »Himmel« verstanden? Ist der Himmel das »Reich Gottes«? Und spiegelt sich in der Bitte *»Dein Reich komme«* nicht die Naherwartung des Urchristentums, die wir schon längst aufgegeben haben? Wer hofft noch auf ein solches Reich?
»Dein Name werde geheiligt« – bestimmt bedeutet das mehr als: nicht zu fluchen, nicht »Gott, o Gott« oder »Mein Gott noch mal!« zu sagen. Trotzdem wird für mich durch das Wort »heilig« der Name Gottes irgendwie wieder ganz hochgehängt. Er ist der Heilige. Er ist mir damit weit überlegen. Ich kann ihm nicht auf einer partnerschaftlichen Ebene begegnen. Das macht

mir das Gespräch mit ihm schwer und kann sogar den Mund verschließen. Es sei denn, unter »heilig« verstehe ich etwas »Heilendes«, »Heil-machendes«, das mir Heil und Segen bringt.

»Dein Wille geschehe« - mit dieser Bitte ist für mich ein zentrales Problem verbunden. Wie steht es eigentlich mit dem freien Willen des Menschen? Kann ich überhaupt Verantwortung tragen, wenn letztlich Gottes Wille bestimmend ist? Sehen wir in Gott den Vater und Schöpfer der Welt, dann muß nach dem Verursacherprinzip auch von seiner ureigenen Verantwortung für die Schöpfung gesprochen werden, die unsere menschliche Verantwortung einschränkt - ein für mich uralter und immer noch nicht gelöster Diskussionspunkt.

Die Bitte um das *»tägliche Brot«* ruft die Zeit der Kindheit wieder in mir wach, wo ich oft Hunger erlebte. Wenn ich diese Zeile des »Vaterunser« betete, dann empfand ich es beruhigend und tröstend, daß mir einer gibt, was ich für den nächsten Tag brauche. Komme, was wolle - von Gott wird für das Mindestmaß dessen, was ich nötig habe, gesorgt sein. Heute, wo wir im Überfluß leben, ist mir das andere Wort Jesu ebenfalls wichtig geworden: »Der Mensch lebt nicht vom Brot allein!«

»Vergib uns unsere Schuld, wie auch wir unseren Schuldigern vergeben« - kann das wirklich jemand ehrlich beten? Ich frage mich manchmal sogar: Habe ich überhaupt das Recht zu vergeben - angesichts des schrecklichen Unrechts, das in unserer Welt geschieht? Die armen vergewaltigten Frauen im ehemaligen Jugoslawien - wie sollen die als geschändete Opfer den rohen Tätern vergeben? Ehrlich gesagt: Bei dem Wort »Vergebung« wird mir ganz schlecht. Was für ein Anspruch! Das erfordert eine Kraft zur Liebe, die das Menschenmögliche übersteigt. Andererseits beeindruckt es mich, daß mir im »Vaterunser« tatsächlich zugetraut wird, daß ich vergeben könnte.

Ein anderes Reizwort: *»Schuld«*. Was ist eigentlich Schuld? Ich erlebe heute, wie das Wort »Schuld« gemieden und stattdessen lieber von »Schuldgefühlen« gesprochen wird. »Schuld« wird dadurch in meinen Augen bagatellisiert, privatisiert, in den seelischen Bereich verdrängt. An die Stelle von »Vergebung« treten krampflösende Medikamente und Psychotechniken, welche die Schuld auflösen in die Suche nach Ursachen für schuldhaftes Handeln in der Kindheit oder Umwelt. Ein Ent-Schulden findet statt, kein Schuld-Vergeben. Sagt man nicht auch viel leichter: »Entschuldigung« statt: »Ich bitte dich um Vergebung«? Vergebung ist mehr - zur eigenen Schuld stehen können, auf ihrem Boden einen neuen Anfang wagen.

Die eleganteste Entschuldigung ist, alles auf Gott zu schieben. Darum stoße ich mich immer wieder an der Bitte: *»Führe uns nicht in Versuchung«*. Was ist das für ein Gott, der uns in Versuchung führen könnte? Warum tut er das? Ist ein Gott, der mit uns experimentiert und uns dabei bewußt gefährdet, nicht auch selbst für alle Folgen verantwortlich?

Einwand: Auch Eltern können Kinder bewußt in Gefahrensituationen führen, um sie mit Gefährdungen vertraut zu machen. Jeder muß lernen, Gefahren zu bestehen, um lebenstüchtig zu werden. Wenn ich nicht in Versuchungen komme, kann ich mich in ihnen auch nicht bewähren oder an ihnen wachsen.
Einleuchtender wäre es darum vielleicht, diese anstößige Bitte so zu verstehen: »Führe uns *in* der Versuchung!« Gott führt die Versuchung nicht willentlich herbei, sondern er führt auch dort noch, wo wir in Versuchung geraten sind, und ist uns nah.
In der nächsten Bitte wird die Anfälligkeit des Menschen für das Böse ebenfalls ernstgenommen. *»Erlöse uns von dem Bösen«* könnte man übertragen: »Mach mich frei davon, der Versuchung zum Bösen zu verfallen! Ein Beispiel dazu aus der Literatur: Goethes Gestalt des »Faust«.
Das »Vaterunser« insgesamt: ein *forderndes* Gebet! Ich soll vergeben, gütig sein, dem Bösen widerstehen. Trotzdem eigenartig: in diesem Gebet fehlt nichts von dem, was ich für mein Dasein brauche. Oder doch? Vielleicht die Bitte um Liebesfähigkeit, um Einsicht, um Vernunft? Auf jeden Fall fehlt eigentümlicherweise der *Dank* – für Erfahrungen von Bewahrung, Freude, Schönheit ...
Liegt es daran, daß Kinder das »Vaterunser« oftmals als ein Pflichtgebet erleben, dem sie ein eigenes, persönliches Gebet anfügen? Auch in Gottesdiensten ist das »Vaterunser« vielfach zum Ritual erstarrt. Schmerzlich zu erleben, wenn es in der Kirche oder bei Beerdigungen lieblos heruntergerattert oder -geleiert wird.
Trifft das »Plappern« und »viele Worte machen«, das Jesus beim Beten beklagt, nicht auch auf viele Gebete im Gottesdienst zu? Ein Beispiel: die *Fürbittengebete.* Die sind mir ein ständiges Ärgernis! Wenn da mit vielen Worten das vielfältige Elend auf der Erde beschrieben und Gott um Hilfe gebeten wird, klingt das in meinen Ohren wie: »Lieber Gott, das hast du alles falsch gemacht. Wir schlauen Leute wissen es besser. Kehr um und mach's besser!«
Das bringt es auf den Punkt: Warum soll ich überhaupt beten, wenn – wie Jesus sagt – Gott sowieso schon weiß, was ich nötig habe? Vielleicht will das sagen: Nicht ich bringe *Gott* durch mein Beten in Bewegung, sondern ich bringe *mich* durch mein Beten in Bewegung – auf Gott zu, der schon weiß und durch den ich entdecke, was ich nötig habe.
Dann wäre also das »Vaterunser« also eine Art *»Notgebet«* – ein Gebet, wenn mir selbst die Worte fehlen, das auszudrücken, was mir nottut. Ob das so auch die Mystiker sahen, die vor Gott stumm zu werden versuchten, um ihn zu sich reden zu lassen? Vielleicht schickt uns Jesus darum zum Beten an einen Ort, wo wir die Tür hinter uns zumachen können, um hier – in der *Stille* – vor Gott zu uns selbst zu finden ...

Zum Gottesdienst

Dieter Schupp

Vorüberlegungen

Alles, was es zum Vaterunser zu sagen gibt, ist bei Friedrich Holze (»Annäherungen an den Predigttext«) nachzulesen sowie in der entsprechenden Fachliteratur.
Es gibt Sprachbilder, Textgebilde und ein wohlbedachtes Aneinanderfügen von Wörtern, die ihre Form gefunden haben. Ich will sie einfach so hinnehmen, wie sie einstmals zur Sprache und in ihre Form gebracht wurden. Ich höre sie mir an, spreche sie leise oder laut mit, mache sie mir zu eigen, – und es stört mich keinen Deut, wenn ich das eine oder das andere dabei weder verstehen noch begreifen kann.
Das gilt (für mich) für ein Gedicht ebenso wie zum Beispiel für einen Psalm, für eine Rede im Hiobbuch, für 1. Korinther 13 und auch für das Vaterunser. Ich möchte solche Texte weder anderen »erklären« noch von anderen erklärt bekommen. Auch halte ich es für eine Zumutung, wenn sie mir mit »Worten unserer Zeit« nahegebracht werden sollen. Wer hat uns geheißen zu spintisieren? Es lauert hinter jedem Erklärungsversuch (Interpretation, Exegese u. a.) der Vorsatz, eine objektive Wahrheit vermitteln zu wollen. Und die tut so, als gebe es sie! Doch *meine* Wahrheit kann nie die Wahrheit eines anderen sein.
Es gibt ein wohlbedachtes Aneinanderfügen von Wörtern, Sprachbilder und Textgebilde, die sind mir heilig. Zum Beispiel ein Gedicht von Rose Ausländer und ein Lied von John Lennon, der Psalm 13, das Gleichnis vom Feigenbaum und eben auch das Vaterunser.
Reiner Kunze hat in seinem Buch »Am Sonnenhang« (© S. Fischer Verlag GmbH, Frankfurt am Main 1993) sein Gedicht wiedergegeben, das anläßlich einer Tagung in einem Gespräch über Kunst und Kirche ›verhandelt‹ wurde:

Einmal, noch vor erschaffung des menschen,
versuchte sich gott als kupferschmied

So entstand
der herbst in den highlands

Dann verließ gott die einsamen berge für immer

Er war noch jung,
aber schon gott
In den kesseln
blieb ewiges wasser zurück

Du kannst die geduld wiederfinden,
die gott hier verlor

Auf dieser Tagung, so erzählt Reiner Kunze, habe sich jemand so zu Wort gemeldet: »Ich muß jetzt einmal brutal sein. In mir kommt Wut auf, wenn jemand unseren Gott in sein Gedicht bringt ... Soll er doch irgendeinen griechischen nehmen, einen schönen Götterjüngling, aber nicht unseren Gott!« »Ich dachte«, kommentiert Kunze den Zwischenruf, »wenn jemand sagt »Unser Gott«, kann dieser Gott doch nicht Gott sein ...« Predigen über das Vaterunser -?

Homiletische Skizze

Randbemerkungen zu Matthäus 6,5-8 bzw. Matthäus 6,14-15

Heucheln und plappern: Ich fühle mich durchschaut. Meide jede Form von Öffentlichkeit: Nicht nur »Geh in deine Kammer!«, sondern auch noch »Schließ die Tür zu!« Ich habe Gedanken, die offenbar mir selbst bisher verborgen geblieben sind. »Ewiger Gott, himmlischer Vater, Herr unseres Lebens«, lautet die Anfangszeile eines Fürbittgebets in einer Agende.
Nach wie vor überraschend: »Denn euer himmlischer Vater weiß, was ihr nötig habt, bevor ihr ihn bittet.« Bevor ...
Bedenkenswert ist allemal der Bedingungssatz »Wenn - dann«: Ist »mein himmlischer Vater« abhängig von meinem Verhalten? Nur wenn ich zum Vergeben bereit bin, ist er es auch -!? Was sind Verfehlungen (Defekte, Laster, Schäden, Fehler, Irrtümer, Versehen, Mißgriffe, Dummheiten, Schwächen)? Kann ich sie mir selber vergeben oder müssen sie mir vergeben werden? Und wenn ja, dann nur von Gott?
Ich nehme mir vor, keine Predigt im herkömmlichen Sinne zu halten, weder über das Vaterunser noch über das Beten überhaupt. Es wird weder eine Einleitung geben noch einen Schluß mit Amen. Stattdessen: Gedanken, Anmerkungen, Glossen, Notizen und spontane Einfälle, die ein jeder und eine jede ergänzen möge mit dem Material seines und ihres Lebens. Die Gefahr, dabei ins »Plappern« zu kommen, ist mir bewußt. Darum wird mein Predigt-Manuskript am Sonntag die folgenden drei Punkte ausweisen:

1. »Genaues zu sagen« (Pindar), das ist eine poetische und eine religiöse Option zugleich.
2. Die (vielleicht) letzte Intimität, die uns geblieben ist, ist das Gebet.
3. Gott ist immer nur ein Gebet weit von mir entfernt.

Für den Schluß der Predigt werde ich mir die beiden letzten Sätze aus Friedrich Holzes Beitrag notieren: »Ob das so auch die Mystiker sahen, die vor Gott stumm zu werden versuchten, um ihn zu sich reden zu lassen? Vielleicht schickt uns Jesus darum an einen Ort, wo wir die Tür hinter uns zumachen können, um hier - in der Stille - vor Gott zu uns selbst zu finden ...«

Vorschläge zur Liturgie

Keine Vorschläge für diesen Sonntag Rogate. Er soll anders verlaufen: Ich werde die Gemeinde bitten, sowohl das Eingangsgebet, das Sündenbekenntnis und das Schluß- bzw. Fürbittengebet in der Stille selbst zu formulieren. Möglicherweise mit dem Hinweis: Ein jeder und eine jede von uns möge nun für sich selbst in der Stille Gott sagen

- wofür er/sie ihm dankbar ist, worum er/sie ihn bittet und was er/sie sich von ihm erhofft;
- was ihm/ihr weh tut, was ihn/sie reut und was ihm/ihr schwer wie Blei auf der Seele liegt;
- an wen er/sie denkt und über wen oder was er/sie sich vor Gott Gedanken macht; was nicht so bleiben soll wie es ist;
- hören auf das, was Gott selbst ihr/ihm zu sagen hat.

Meditation

Du.
Nicht Vater, nicht Mutter,
schon gar nicht Herr,
Vielleicht namenlos,
bestimmt ohne Titel.

Du.
Du und ich
und du und ich und sie
und du und ich und er, –
für niemanden
himmelweitweg,
vermutlich nur einen Seufzer
weit,
ein dankbares Lächeln weit,
ein Aufatmen.

Nichts sonst
ist mir so hoch und heilig
als dieses Du,
womit Du Dir
bei mir
einen Namen gemacht hast.

Niemand sonst
findet mich
im Reich meiner Kleinigkeiten,
wo ich warte
mit meinen großen Wünschen:
Keine Grenzen mehr
und keine Gegensätze
und überhaupt,
alles für alle.

Ich.
Ein Geführter,
weit mehr als ein
selber Gehender,
und nichts geschieht,
was Du mir nicht
zugedacht hast.
Mir nicht
und keiner Seele,
da und dort.

Was ich
zum Leben brauche,
es ist da:
Zum Beißen, zum Knabbern,
zum Schmecken und zum Genießen.
Tag um Tag.

Mein Krummes und mein Grades
vergib mir.
Nachtragend, wie ich,
bist du nicht.
Darum
gib mir die Gabe,
vergeben zu können,
denen,
die in meinen Augen
sich schuldig gemacht haben.

Du,
treib kein Spiel mit mir,
denn allzu leicht
unterlieg ich
den Versuchungen,
folge ich
Lockrufen
Tust Du
es nicht.

Ich brauche
Dich, um loszukommen
von all dem Bösen,
das ich
nicht sagen
und auch nicht tun will.
Du,
bring mich davon weg.

Werden soll:
Dein Reich.
Ein Leben für mich
und sie und ihn,
ohne Angst.
Ohne einen Mangel
an nichts.
Ohne irgendein Lied.

Das Paradies,
die Seligkeit.
Nur Du
und niemand
und nichts dazwischen.
Endlos
Wenn nicht heute schon,
dann morgen.
So wird es sein,
und so wird es werden.
Gewiß.

Kontexte

»Ich kann mir vorstellen, daß »Briefe an Gott« eine Möglichkeit wären, dem Gebet die beiden wesentlichen Funktionen, die der Reflexion und die der artifiziellen Gestaltung, in deutlichster Weise zu gewähren. Das Schriftliche setzt dann nämlich von vornherein jene Distanz, die das Gebet vor Infantilität und vor der Illusion eines das göttliche Gegenüber verändernden Dialogs bewahrt« (Walter Bernet »Gebet«, Kreuz-Verlag, S. 139).

»Dem Himmel ist Betenwollen auch Beten« (Lessing, Emilia Galotti, 2. Akt).

»Das verstohlenste Gebet ist das beste« (Rostand, La Samaritaine, S. 32).

»Das edelste Gebet ist, wenn der Beter sich in das, für den er kniet, verwandelt inniglich« (Angelus Silesius, Cherub. Wandersmann).

»In der Bibel sind nicht so fixierte Gebetsvorstellungen anzutreffen, wie man allgemein voraussetzt. Einen eigenen Begriff für »Beten« gibt es anfänglich gar nicht: Da wird (wie Claus Westermann referiert) einfach »gerufen«, »gefleht«, geweint«, »geklagt«, »gejubelt«. Was später systematisiert und formalisiert worden ist, wird in der Bibel zunächst als eine Wirklichkeit beschrieben, die unmittelbar zum Menschsein des Menschen gehört« (H. J. Schultz »Auch Gott ist nicht fertig, Kreuz-Verlag, S. 98).

»Durch das Gebet rückt Gott ganz in die Nähe des Betenden. Man könnte auf die Frage: ‚Wie weit ist der Mensch von Gott entfernt?‘ antworten: ‚Um die Länge eines Gebets‘ oder auch nur um die Länge der zwei Silben ‚O Herr!‘« (R. Büttler »Die Mystik der Welt, Barth-Verlag, S. 263).

»Unsere Rede zu Gott wird möglich, wenn wir wissen, was wir reden sollen. Wir schreien und klagen, wir bitten und betteln, wir rufen den Zeugen unserer großen Wünsche an das Leben an, wenn wir solche Wünsche überhaupt haben. Je mehr wir vom Leben halten, je mehr wir glauben, daß das Leben uns etwas schuldet und daß wir dem Leben etwas schulden, um so weniger werden wir Gott als den Garanten des Lebens verschweigen. Früher haben die Menschen manchmal vom feurigen Gebet gesprochen oder vom Glutgebet. Was macht denn das Gebet feurig und zur heißen Glut? Das ist nicht die persönliche religiöse Virtuosität des Beters. Wir beten um so feuriger, je mehr wir wahrzunehmen vermögen, wo das Leben geschändet und beleidigt wird« (aus: Fulbert Steffensky,Wo der Glaube wohnen kann, Kreuz Verlag, Stuttgart 1989)

»Wer sich betend selber vergessen kann, dessen Hände werden, gerade indem sie ‚zum Beten ruhn, ... stark zur Tat‘ (J. Klepper). In diesem Sinn ist Beten ein geradezu handwerklicher Akt. M. Luther hat es in seiner deutlichen Sprache so formuliert: ‚Wie ein Schuster einen Schuh machet und ein Schneider einen Rock, also soll ein Christ beten. Eines Christen Handwerk ist beten.‘ Auch dieses Handwerk hat goldenen Boden.« (E. Jüngel in: Lob der sieben Tröstungen, S. 21 – Heder-Verlag).

Christi Himmelfahrt

Annäherungen an den Predigttext Johannes 17,20–26

Helga Trösken

Der Kreis, in dem ich den Bibetext besprochen habe, setzt sich zusammen aus Frauen und Männern, die alle in einer Kirchengemeinde ehrenamtlich mitarbeiten. Sie treffen sich in wechselnden Zusammensetzungen – der Kreis ist offen – z. T. in Privathäusern, gleichsam als Hauskreis, oder auch in einer Kirchengemeinde, um aktuelle, politische, entwicklungspolitische und friedensethische Themen miteinander zu diskutieren. Daraus erwächst jeweils auch die Mitarbeit in Gottesdiensten, die thematisch bestimmt sind. Seit einigen Jahren habe ich das Interesse und die Kompetenz dieses Kreises genutzt, wenn ich Rundfunkansprachen oder größere Predigten vorzubereiten hatte. Wir haben die Bibeltexte jeweils in der Art der Basisgemeinden miteinander meditiert, theologische Information oder Fachkenntnis ist von mir sehr wenig eingebracht worden. Das schlägt sich auch in den folgenden Ergebnissen nieder.

- Au wei! – Lachen – Viele Fragezeichen – Wir haben den Text gelesen und dann die Bibel ganz schnell wieder zugeklappt, weil wir so gefrustet waren! – Ich konnte nichts damit anfangen – Ein Wortspiel ohne Rückwirkung: viele Worte, aber sie machen nicht klar, was Einssein heißt.
- Wenn man den Zusammenhang liest, wird klarer, was gemeint ist: die Einigkeit im Glauben wird beschrieben, was uns mit allen Christen auf der Welt verbindet: Erinnerung an das Vaterunser.
- Wenn die Christenheit Eins ist, dann wird die Welt erkennen. Das Einssein ist spürbar, erfahrbar. Vielleicht = identisch sein? Religionsunterricht trägt zur Identitätsfindung bei.
- Teilbereiche des Einsseins müßten doch zu beschreiben sein. Eine Herausforderung an uns.
- Heißt »Einheit im Glauben« die gleiche Grundlage haben? Also nicht die gleiche Meinung, sondern in der Nachfolge Christi im Gegenüber zu Gott handeln. Einssein, wie Mann und Frau, die ja immer auch verschieden bleiben.
- Vers 26 sagt inhaltlich, was gemeinsam ist: Jesus ist der Gesandte Gottes. Wir kennen die Liebe. Wir haben die Nachricht von Gott. Liebe ist das einzig Konkrete.

- In Jesus hat Gott gezeigt, wie er sein kann, und in uns soll das genauso sein. Einheit im Glauben wäre dann das konkrete Beispiel gegenüber der nichtchristlichen Welt. *»Die Welt wird es sehen«.*
- Da sind wir heute arm dran. Vollkommene Überzeugungskraft geht uns vollkommen ab. An uns sieht die Welt nichts.
- Der Anspruch, den richtigen Glauben zu haben, macht überheblich und die anderen automatisch minderwertig. Das aber ist nicht Nächstenliebe und kann nicht gutgehen. Antijüdische Tendenz: denn die Juden hatten Gotteserkenntnis auch vor Jesus.
- Phänomen, daß offenbar andere religiöse Deutungen, Esoterik etc., heute eher überzeugen. Wie weit kann Toleranz gehen nach diesem Gebet? Im Sinn der Ringparabel oder Ausgrenzung? Hat er allen »Herrlichkeit« (was ist das?) gegeben? Oder werden damit andere Religionen vom Tisch gefegt?
- Ich bin fest davon überzeugt, daß kein Fünkchen von Gott in der ausbeuterischen, kapitalistischen Welt ist (Vers 22 f.). Welt heißt auch: Lebensziele haben, die nichts mit Gott zu tun haben. Aktuell: die Welt glaubt nicht.
- Ich beziehe das auch auf mich persönlich: Wenn ich ihn erkennen würde, müßte ich anders leben, hätte mein Kreuz auf der Schulter ... So ist eigentlich alles unheimlich klar, bloß, ich tue es nicht ...
- Vielleicht ist es gut, daß Jesus betet, auch wenn das Gebet noch nicht erfüllt ist.
- Ein Wunschgedanke Jesu, dieses Gebet, daß Liebe weitergetragen wird, die er gepflanzt hat. Es ist ja nicht vom Perfektsein die Rede. Man sehnt sich nach dem, was hier beschrieben ist. Aber offensichtlich kann man so (noch) nicht leben. Ist man anders konstruiert?
- Ich verstehe das überhaupt nicht: Bevor die Welt geschaffen wurde. Wo war er? Was heißt das, zwischen Schöpfung und ewigem Leben?

Fazit:
- Das Gebet hat autosuggestive Kraft. Man kann Sinn für die Situation holen, um sie ertragen zu können.
- Ich will jetzt so leben, daß ich zufrieden sterben kann, jetzt oder später.
- Ich lerne daraus, daß wir ein bißchen konsequenter leben müßten. Nicht durch Schwätzen, sondern durch Tun.
- Identität von Wort und Tat. Ich muß an Politiker denken.
- Wir haben etwas in uns, auf das wir hören können: unser Gewissen. Oft sehr unbequem. Es kann uns u. U. einengen.
- Die Frage der Liebe ist wie ein roter Faden im Neuen Testament.
- Warum hat Gott das Gebet nicht erhört?
- Einssein gibt es doch immer wieder! Grundsätzlich passiert es auch immer wieder. Das allerbeste Beispiel: die Maueröffnung durch die Einheit der Friedensgebete, durch das Treffen in den Kirchen.

- Jesus hat ein Gebet gesprochen für die Menschen damals und die Menschen danach und bis heute. Und das macht mir Mut. Ich muß nicht perfekt sein. Er betet.
- Einssein, d. h., mit mir einig sein, und dann kann ich mich auch ändern und kann mit andern einssein und umgekehrt.
- Ich will nach den positiven Seiten suchen, wo etwas zu erkennen ist von diesem Einssein. Es sind Sternstunden, wenn Menschen einander tolerieren. Wie stark ist die Toleranz einer Glaubensgemeinschaft?
- Im Gottesdienst kann solche Einheit existieren. Warum funktioniert sie danach nicht?

Zum Gottesdienst

Ulrike Schilling

Theologisch-homiletische Skizze

Der Textabschnitt Johannes 17,20–26 ist der Abschluß des Gebetes des scheidenden Gesandten nach den Abschiedsreden Jesu vor dem Beginn der Passionsgeschichte. Das ganze Gebet, dessen Inhalt in diesen Versen noch einmal auf den Punkt kommt, hat durch diese Stellung eine besondere Bedeutung. Es geht um die Bewältigung des Abschieds Jesu durch seine Jüngerinnen und Jünger, durch die Gemeinde(n). Es geht um den Sinn dieses Weges Jesu, dargestellt in der johanneischen Christologie des von Gott Gesandten, der seinen Auftrag erfüllt hat und nun zurückkehrt. Es geht um das Ziel dieser Sendung, und es geht darum, wie es für die Zurückbleibenden weitergehen soll, weitergehen wird. Es geht um Kontinuität.
Angesichts des Abschieds, der Trennung, des Verlustes der tröstlichen Gegenwart die Bindung zu halten, Einheit zu erfahren und zu leben – in dieser Spannung stehen die hier Betroffenen damals wie heute. Mein Leitgedanke, der schon in den Annäherungen anklingt und der meinen Predigtvorschlag bestimmen wird, ist der, daß allein das Beten diese Spannung aushalten, aufheben und damit das Heilsziel selbst in actu Wirklichkeit werden lassen kann. Im Gebet erfahrene Einheit geht der möglichen Gestaltung von Einheit voran.
Johannes 17 ist ein literarisches Abschiedsgebet, das Rückblick, Rechenschaftsbericht und die Bitte für die Hinterbliebenen enthält. Nun ist Gott wieder für sie zuständig. Nach Becker entstammt es der Feder eines johanneischen Theologen, der sich u. a. durch einen ausgeprägten Dualismus von dem Evangelisten unterscheidet: Die von Gott auserwählte Gemeinde ist nicht mehr von der Welt (17,23.25). Der Sohn sammelt die zum Heil Bestimmten. Es geht nicht um Glaubensermöglichung für alle. Einer wei-

teren kirchlichen Redaktion, die genau in diesem Punkt wieder offener ist (17, 21b), weist Becker die Verse 20 f. zu. In der Unterscheidung der jetzigen und der späteren Jüngerinnen und Jünger (anders 17,2.23), vergleichbar nur Johannes 10,16, könne sich die Erweiterung der judenchristlichen Gemeinde(n) um Heidenchristen abbilden.
Gerade diese beiden Verse nehmen mich und die gegenwärtige Gemeinde hinein als heutige Adressaten. Wir sind solche hinzugewonnenen Glaubenden, neben anderen. Wir erleben oft alles andere als Einheit unter Christen. Wir sind aneinander gewiesen und zugleich in die Auseinandersetzung mit der Welt gestellt. Die johanneischen Gemeinden mußten sich in einem vielfältigen religiösen Umfeld behaupten. Auch wir als Christen in kleiner werdenden Gemeinden brauchen eine geistliche Vergewisserung des Heilsgrundes, der uns trägt und uns Kraft gibt. Hier ist für mich 17,26 zentral, der Name Gottes, der sich uns in diesem Gebet im Vollzug erschließt im angeredeten, im Sohn die Gemeinde liebenden Vater.
Himmelfahrt – mit Blick zum Himmel (17,1) schließt Jesu Vermächtnis uns mit seinem Abschied zugleich den Himmel auf. Ein Gottesdienst unter freiem Himmel kann diesen Gedanken offensichtlich machen. Zu meinem eigenen Gottesbild gehören das Oben und Unten – wie in der theologischen Vorstellung von Johannes 17. Das schließt den lebendigen Fluß zwischen oben und unten nicht aus, sondern gerade ein als innere, im Gebet immer wieder neu zu findende Verbindung und Einheit (17,22 f.).

Lit.: Jürgen Becker, Das Evangelium nach Johannes. Kapitel 11–21, Gütersloh 1981 (Ökumenischer Taschenbuchkommentar zum Neuen Testament Band 4/2).

Vorschläge zur Liturgie

Lieder

EG 265, Nun singe Lob, du Christenheit oder EG 594, Der Himmel geht über allen auf
EG 358, Es kennt der Herr die Seinen
EG 268, Strahlen brechen aus einem Licht oder EG 623, Du bist da, wo Menschen leben
EG 252, Jesu, der du bist alleine

Kollektengebet

Jesus Christus, du bringst uns den Himmel ganz nahe. Er ist um uns wie die Luft zum Atmen, wie das Licht des Tages, wie die Wärme der Sonne. Öffne die Herzen aller Menschen, daß alle spüren: du bist da. Amen.
(Gottesdienste mit Kindern. Arbeitshilfe für Mitarbeiterinnen und Mitarbeiter der Evangelischen Kirche von Kurhessen-Waldeck, S. 29)
oder:
Jesus Christus, du bist bei Gott gewesen vor aller Zeit. Du bist Mensch geworden. Dein Leben war voller Wunder. Du hast uns Gott, den Vater,

kundgetan. Menschen haben dich dafür gekreuzigt. Du bist gestorben. Doch dein Vater, unser Vater, hat dich auferweckt und hat dich wieder aufgenommen in den Himmel. So bist du lebendig, über uns und in uns. So erwartest du uns heute morgen. So willst du uns erfüllen mit deiner lebendigen Liebe von nun an bis in Ewigkeit. Amen.
(vgl. Gottesdienst mit Kindern, S. 31)

Gebet, Fürbitten
Jesus Christus, du hast uns den Himmel erschlossen. Wir spüren seine unermeßliche Weite, deinen Atem, der uns lebendig macht und unser Herz weit. Wie du möchten wir beten mit zum Himmel ausgebreiteten Armen. Du in mir, ich in dir – zu schön, um wahr zu sein? Manchmal erlebe ich das als unglaubliches Glück. Ich kann mich fremden Menschen öffnen, ich fange an zu verstehen. Ich erfahre, daß du es bist, der du uns in den anderen begegnen willst. Jesus Christus, rund um die Welt beten Menschen zu dir. Ich verbinde mich mit ihnen und rufe dich an:
für unsere Welt, deine Erde, für alles Leben, das deinem Willen entsprungen ist, für die Menschen, die auf der Flucht sind, die ihre Heimat verloren haben, für die Menschen, deren Leben bedroht ist, für die Sterbenden, für die Kinder, die ihre Eltern verloren haben, für die Verzweifelten und Entrechteten, für die Vergessenen, für alle, die uneins sind mit sich und anderen, für zerstrittene Parteiungen und Konfessionen, für verfeindete Volksgruppen und Völker, für alle, die durch ihre Abgrenzungen das Verbindende nicht mehr sehen können, nämlich dich, der du die Verbindung herstellst, die bleibt, die uns zueinanderführt und in die Einheit mit dir und dem Vater durch den Heiligen Geist. Amen.

Predigtvorschlag

Einleitung
Wie gut, daß Jesus betet. Einssein, Einheit, dieses Wort hat sich nach dem ersten Lesen des Textes in mir festgesetzt. Und ich merkte plötzlich, wie dieses Wort mich unter Druck gesetzt hat. Wie kann ich diesem Anspruch gerecht werden? »... damit sie alle eins seien.« Ich schaffe das nicht. Nicht einmal mit meinem Kollegen ist mir das gelungen. Schmerzlich wird es mir wieder bewußt. Wenn nicht einmal Pfarrerinnen und Pfarrer untereinander einig sind! Sie müßten doch Vorbild sein. So habe ich es immer wieder gehört aus verschiedenen Gemeinden. Und auch Gemeindeglieder haben darunter gelitten und leiden darunter. Und Einigkeit zwischen den Konfessionen? Auch hier erlebe ich mich selbst als schwieriger, als ich gedacht hatte. Durch intensivere Kontakte zur katholischen Gemeinde nehme ich beides deutlicher wahr: Verwandtes und Trennendes. Zu jedem Kompromiß bin ich nicht bereit. Und doch habe ich den Wunsch, Einheit zu leben, Einheit zu erfahren, auch in der Einigkeit die Kraft des Christseins zu spü-

ren, gerade auch für die Auseinandersetzung mit der Welt. Welt nehme ich hier in den Mund so ähnlich wie der Text als die uns umgebende Betriebsamkeit, die nach so ganz anderen Gesetzen abläuft, als es unserer christlichen Vorstellung von Leben vorschwebt.... damit sie alle eins seien. Dieses Wort trifft mich an einem wunden Punkt.
Als ich einige Zeit später den Text wieder aufschlug, war ich von den ersten beiden Worten so überrascht, als läse ich sie zum ersten Mal: Ich bitte. Ich bitte aber nicht allein für sie, sondern auch für die, die durch ihr Wort an mich glauben werden, damit sie alle eins seien. Ich bitte. Jesus betet. Bittet für mich, bittet um Einheit. Und ich spürte förmlich, wie der Stein des Leistungsdrucks von meiner Seele fiel. Jesus fordert nicht, er betet. Jesus will auch etwas, aber hier an erster Stelle nicht von mir, sondern von Gott. Wie besetzt muß ich gewesen sein, daß ich das zunächst gar nicht habe wahrnehmen können. Wie gut, daß Jesus betet. Jetzt bin ich nicht mehr bei mir, sondern bei ihm und kann dem nachsinnen, was hier geschieht.

Zum weiteren Verlauf
Neuer Gedanke: Warum ist hier überhaupt so viel von Einssein die Rede? Jesu Worte klingen in der Sprache des Johannesevangeliums geradezu beschwörend. Also scheint die Einheit nicht selbstverständlich zu sein. Und das ist sie an dieser Stelle auch gerade nicht. Denn es geht um Abschied, Trennung, Tod, Veränderung. Jesus wird seine Jüngerinnen und Jünger verlassen. Sie werden ihn nicht mehr sehen, so wie wir ihn nicht sehen können. Für sie wird alles anders werden, neu und ungewohnt. Sie werden ihn schmerzlich vermissen. Wie soll es weitergehen ohne ihn? Wird es überhaupt weitergehen? Und auch Jesus muß loslassen, sich trennen. Himmelfahrt ist das Bild für diesen Ortswechsel, den Jesus hier einleitet. Wer garantiert die Zukunft? Wer garantiert, daß nicht alles umsonst war? Jesus betet. Im Gebet vollzieht sich Abschied und Bindung. Jesus legt sein Werk in die Hände Gottes zurück. In dieser Übergabe bindet er seine Gemeinde an Gott und umgekehrt. Allein diese Verankerung garantiert den Zusammenhang. In der Verlorenheit des Abschieds weitet sich der Himmel. Betend vollzieht sich das Erbetene. Ich fühle mich aufgehoben, eingebunden. So werden sich auch die Gemeinden damals an diesen Worten festgehalten haben und immer wieder daraus ihre innere Stabilität gewonnen haben. In der Vielfalt der religiösen Angebote mußten sie sich vergewissern nach außen und nach innen. Und auch ich brauche diese Vergewisserung nach außen und nach innen in Standfestigkeit und Bindung. Wie gut, daß Jesus betet.
Nächster Schritt: Welche Folgen hat Jesu Beten um Einheit für unser Verständnis von Einheit?
Kaum jemand wird vor 1989 darüber nachgedacht haben, welche Schwierigkeiten die deutsch-deutsche Einigung mit sich bringen würde. Ein Wunschtraum geht in Erfüllung, und doch wird vieles so ganz anders, als es

gewünscht und erträumt war. Von der Herstellung der äußeren Einheit bis zum Einssein ist es ein weiter Weg. Vielleicht war das die Täuschung zu meinen, Einheit und Einssein herstellen zu können. Mit unserer Textstelle möchte ich eine kühne These aufstellen: Das Gebet ist der Weg in die Einheit, ins Einssein. Jesus bittet auf ein Ziel hin, auf Zukunft hin. Er stellt nicht einen Zustand her, in dem wir uns zu bewegen hätten; was er knüpft, ist Bindung, Verbindung. Und diese Verknüpfung eröffnet uns neue Räume.

Was geschieht im Gebet?

In diesem Gebet gibt Jesus sich zu erkennen mit all dem, was den Sinn seines Lebens und Sterbens ausmacht. In diesem Gebet gibt Jesus uns Gott zu erkennen: Er ruft ihn bei seinem Namen. In diesem Gebet erfahren wir, wo wir hingehören.

Und unser Beten?

Wenn ich bete, trete ich ein in diesen uns bereiteten Raum. Betend werde ich Teilhaberin an der uns bestimmten Zukunft, die schon begonnen hat. Einfacher gesagt: Betend nehme ich Beziehung auf zu Gott, unserem Vater im Himmel. Ihm gebe ich mich zu erkennen. Dabei versuche ich, mich zu erkennen in meinen Beweggründen, meinen Sehnsüchten, meinen Abgründen. Betend muß ich nicht realistisch sein. Im Gebet darf mein Herz begehren. Betend gehe ich aus mir heraus. Ich frage nach dem, was Gott mit mir will. Ich frage nach dem, was andere von mir wollen. Ich versuche, mich in andere Positionen hineinzuversetzen. Im Gebet kann ich mich mit anderen Menschen verbinden. Das Gebet kann mich mit anderen Menschen verbinden.

Ich merke, wie ich langsam von der Vorstellung Abschied nehme, daß Einssein ein Zustand sein muß wie ein Produkt, das ich vorzuweisen habe.

In Jesu Gebet vollzieht sich Einheit, geschieht Einssein, erweist sich Liebe, die über den Schmerz der Trennung hinweghilft. Und ich bin einbezogen in dieses Geschehen. Also ist Einssein kein Zustand, sondern Bewegung, lebendige Beziehung, die sich vertiefen, die auch wieder verloren gehen kann. Sie beginnt im Gebet, sie setzt sich fort in manchmal harter Arbeit und oft auch in mühsamer Auseinandersetzung. Einssein heißt gerade nicht, daß die Beteiligten gleich sein müssen. Einssein heißt, in unterschiedlichen Standpunkten das Gemeinsame entdecken und sich in den unterschiedlichen Positionen verstehen lernen. Und manchmal ist auch klare Abgrenzung notwendig. Kann die Welt das sehen? Wo Einssein geschieht, wird es spürbar. Es spricht für sich selbst. Es hat gewinnende Kraft. Im Einssein bekundet sich der Name Gottes.

Als Beispiel: der Weltgebetstag.

Ich könnte nicht so darüber schreiben, sprechen, wenn ich es nicht selbst schon so erlebt hätte. Für mich ist der Weltgebetstag ein Höhepunkt im Kirchenjahr. Intensiv setze ich mich zusammen mit anderen Beteiligten mit der Liturgie und das heißt ja auch mit dem christlichen Lebensnerv eines anderen Landes auseinander. Ich höre von anderen Schicksalen, ich lasse mich darauf ein. Und im Gebet rund um die Welt vollzieht sich Anteilnahme, Solidarität, Einssein im Geist. In diesem Jahr hat mich das besonders bewegt. Die Liturgie der Palästinenserinnen hat viel Auseinandersetzung hervorgerufen. Dann die politischen Ereignisse: Nach 45 Jahren erstmals Schritte hin zu einem möglichen Frieden. Ich las israelische Literatur, ich las Sahar Khalifa, eine palästinensische Autorin. Das Friedenszeugnis des Elias Chacour, eines palästinensischen Christen, hat mich in seiner Sachlichkeit, seiner Klarheit, seiner Liebe und seinem Mut überwältigt. Das Gebet ist der Weg in die Einheit, ins Einssein. Ich war noch nie so an Palästina beteiligt wie in diesem Jahr.

Zum Schluß

Wie gut, daß Jesus gebetet hat. Wie gut, daß wir beten können »... damit sie alle eins seien.« Liebend bindet Gott uns ein in sein Ziel mit uns. Wir sollen in diese Einheit hineinwachsen, wir können auch etwas für diese Einheit tun. Unsere Kompetenz liegt im Gebet. Amen.

Kontext

Ökumenische Ratschläge

Schaue zuerst auf das, was die Konfessionen an wertvollem Gut gemeinsam haben.

Sieh zu, ob das Unterscheidende nicht vielleicht geschichtlich bedingt ist und im Fluß der weiteren geschichtlichen Entwicklung zum Zusammenklang geführt werden kann.

Kämpfe nicht gegen die anderen Konfessionen, aber wetteifere mit ihnen im Glauben und in der Liebe.

Kämpfe gegen das pharisäisch-satte Behagen in den eigenen Reihen.

Habe Ehrfurcht vor den anderen Konfessionen, auch wenn du dies und jenes in ihnen nicht verstehst.

Vergleiche Ideal mit Ideal und Wirklichkeit mit Wirklichkeit.

Suche die Schuld an der Trennung zuerst bei dir und deiner eigenen Konfession, und zwar die geschichtliche wie auch die heutige Schuld.

Versuche nicht zuerst die anderen zu bekehren, sondern bekehre dich selbst. In dem Maße, als du dich selbst änderst, änderst du auch die andern.

Sprich nicht von Rückkehr der anderen Konfession, sondern erwarte die Überbrükkung der Spaltung von einem Vorwärts, von dem Reifen und dem Wachsen beider Konfessionen.

Schließe die Sorge um die Überwindung der Glaubensspaltung oft in dein Gebet ein: Der Herr der Geschichte muß uns die Gnade der Einheit schenken – so wenig wir dabei auch unsere eigene Bemühung vergessen wollen.

(Aus: Kirchenbote des Bistums Osnabrück vom 19.1.69, S. 6)

Eine Lektion Himmelskunde

Predigt über Apostelgeschichte 1,1–11

Friedrich Holze

Liebe Gemeinde!

Wir feiern heute das Fest »Christi Himmelfahrt«. Doch wir tun uns mit diesem Fest schwer. Was ist eigentlich der Inhalt dieses Festes, worin liegt seine Bedeutung für unseren Glauben? Wie sollen wir uns das vorstellen: »Christus ist in den Himmel gefahren«?
Jugendliche heute, meine Konfirmanden, stellen sich das ganz plastisch vor. Schließlich sind sie im Weltraum- und Raketenzeitalter aufgewachsen! Und so sehen sie, wenn ich mit Ihnen über die »Himmelfahrt Christi« spreche, eine donnernde Rakete mit langem Feuerschweif vor sich, die immer höher in den blauen Himmel aufsteigt und sich am Ende im weiten Weltall verliert.
Meint das »Himmelfahrt«? Vor einigen Jahren gab es einen Bestsellerautor, dessen Bücher noch heute von vielen Menschen gelesen werden. Sein Name: Erich von Däniken. Er war wie besessen von der Idee, daß unsere Erde einst von außerirdischen Wesen besiedelt worden sei, die hier vor Jahrtausenden von fremden Sternen mit ihren Raumschiffen landeten. Unermüdlich reist er auf der Welt umher, um historische Spuren dieser Außerirdischen zu finden, die seine Theorie beweisen könnten. Sein verwegenster Einfall war: auch *Jesus* sei solch ein Astronaut von einem fremden Stern gewesen. Der Bericht von der Himmelfahrt bedeute nichts anderes, als daß er nach vollbrachter irdischer Mission wieder zu seinem Planeten zurückgekehrt sei. Jesus also als Vorläufer der Astronauten …
Viele Menschen haben die Bücher E. v. Dänikens förmlich verschlungen. Daß sie seine eigenartigen Ideen nicht für baren Unsinn hielten oder für Märchen in modernem Gewande, zeigt mir, wie *unsicher* viele sind, wenn sie sich vorstellen sollen, was es denn mit der Himmelfahrt Jesu nun wirklich auf sich hat. Immerhin: noch die mittelalterliche Welt stellt sich die Himmelfahrt Jesu ganz ähnlich vor – als ein Emporgehobenwerden Jesu nach oben in den Himmel hinein. So sieht man auf alten Bildern die Jünger, wie sie auf der Spitze eines Berges stehen, während über ihnen eine Wolke schwebt, aus der gerade noch die Füße des auffahrenden Jesus hervorschauen. In Jerusalem, oben auf der Spitze des Ölberges, wo das Ereignis

der Himmelfahrt stattgefunden haben soll, zeigt man noch heute einen Fußabdruck im Felsen, den Jesus angeblich hinterließ, bevor er in den Himmel aufstieg. Ein Fußabdruck im Stein als das letzte sichtbare Zeichen seines irdischen Wirkens ...

So weit trägt fromme Phantasie. Mag sie auch schlichte Gemüter befriedigen – viele macht sie eher ungeduldig und ärgerlich. Doch die Frage bleibt: Wenn es so nicht gewesen sein kann – wie denn dann? Wie läßt sich dieses seltsame Bild von der Himmelfahrt Jesu heute noch verstehen?

Ich denke, dazu müssen wir erst einmal ein grundsätzliches Mißverständnis klären. Dieses Mißverständnis betrifft das Wort »Himmel«. Was bedeutet es eigentlich, wenn ich vom »Himmel« spreche?

Der »Himmel« – werden Sie sagen – das ist doch ganz klar! Der Himmel – das ist alles, was ich über mir sehe: an einem regnerischen Tag die grauen Wolken, an einem schönen Sonnentag das zarte leuchtende Blau über mir, das Weltall mit den Gestirnen, die Sonne und der Mond. Das ist für mich der Himmel.

Doch nun frage ich Sie: Kann das wirklich der Himmel sein, der mit der Himmelfahrt Jesu gemeint ist? Jesus – aufgestiegen in den Weltraum über uns: ist dies nicht – mit den Augen der Naturwissenschaft wie mit den Augen des Glaubens betrachtet – ein anstößiger und unerträglicher Gedanke? Naturwissenschaftlich betrachtet wäre eine solche Himmelfahrt gegen alle Gesetze der Physik. Und auch für den Glauben wäre es ein Ärgernis, selbst wenn wir einräumen, Gott sei mächtiger als alle Gesetze der Physik. Denn würde eine solche Himmelfahrt Jesu in das Weltall hinein nicht besagen, daß Jesus uns auf diese Weise unendlich weit fortgerückt ist? Sein Platz wäre nicht mehr auf dieser Erde zu denken, also unter uns, sondern an irgendeinem namenlosen Ort, wo er in großer Ferne mit Gott zusammen thront. Wie verträgt sich das mit unserem Bild von einem Gott, der uns liebhat, ja, der uns gerade in seiner Liebe ganz nahe sein will, näher als wir uns selbst? Ein Gott der *Liebe* – das kann *kein* Gott sein, den wir mit unseren Augen irgenwo fern in der Bläue des Weltalls suchen müssen. Ein Gott der Liebe ist ein Gott, der hineinkommt in das Dunkle unserer Welt – mitten hinein in unsere Traurigkeit und alle Verzagtheit des Herzens. Ein Gott der Liebe ist ein Gott, der unseren oft so mühsamen Lebensweg mitgeht, der ihn mitträgt. Ein Gott der Liebe ist ein Gott, von dem ich bekennen kann: »Er ist mein Hirte; mir wird nichts mangeln. Und ob ich schon wanderte im finstern Tal, fürchte ich kein Unglück. Denn er ist bei mir. Sein Stecken und Stab trösten mich!« Nicht anders läßt sich ein liebender Gott denken. Denn Liebe heißt Nähe, heißt einander nahekommen!

Wo liegt also das Mißverständnis? Es liegt in unserem Verständnis des Wortes »Himmel«. Dies Wort hat nämlich *zwei* Bedeutungen. Und die eine Bedeutung: Himmel = Weltall führt uns in die Irre. Aber wie ist die *andere* Bedeutung?

Sie alle kennen Redewendungen wie: »Ich fühle mich heute wie im 7. Himmel!« oder: jemand wird von andern »in den Himmel gehoben«; man »himmelt« ihn (oder sie) an. Umgekehrt: wenn Menschen sich schlecht behandeln, sagen wir: »Das ist ja die Hölle!« Jedesmal - egal, ob wir »Himmel« oder »Hölle« sagen - meinen wir damit nicht etwas Fernes von uns, sondern eine Wirklichkeit mitten unter uns. Die »Hölle« - das ist der Haß, der Unfrieden und die Feindschaft unter Menschen. Und der »Himmel«? Sie erraten es schon selbst - der »Himmel«: das ist die *Liebe* unter Menschen! Wo die Liebe unter uns herrscht, wo Menschen sich mit liebevollen Augen und liebenden Worten begegnen, da ist der »Himmel«. Und wo die Liebe ist, da wohnt *Gott.* In der Liebe ist Gott gewissermaßen zu Hause. Wo wir beginnen, liebevoll miteinander zu reden und zu handeln, da spüren wir Gottes Kraft, seine Nähe und seine Gegenwart!
Wenn vom Wunder der Himmelfahrt Jesu in der Bibel berichtet wird, so ist also dem Mißverständnis zu wehren, Jesus sei weit fort von uns in das Reich der Wolken und des Weltalls entrückt. Im Gegenteil: Jesus ist von nun an - wie Gott selbst - dort zu Hause, wo die Liebe herrscht. Wo wir ihm nachfolgen, da kann sich uns ein Stück Himmel öffnen - ein Stück »Himmel auf Erden« zur Wirklichkeit werden. Er ist unser großes Vorbild der Liebe. Wenn wir in seinen Spuren gehen, machen wir uns das Leben nicht länger zur Hölle, sondern wir erfahren ganz konkret, wie sich im Tun der Liebe etwas vom Himmel Gottes unter uns auftut.
Jesus, der Mensch, der vor 2000 Jahren lebte und starb, ist - geschichtlich betrachtet - eine ferne, unserer modernen Zeit weit entrückte Gestalt. Aber darin, daß wir seine Kraft heute spüren, ist er uns nah. Im Tun der Liebe spüren wir seine Gegenwart. Und wo er uns nah ist, da atmen wir etwas von der eigentümlichen Himmelsluft der Liebe, in der Gott zu Hause ist.
Himmelfahrt heißt also: der Geist der Liebe, der ein Vorgeschmack des Himmels ist, kann auch noch heute herrschen - unter uns! Wie? In jedem helfenden Wort, in jeder fröhlichen Tat, in jedem liebevollen Blick können die dunklen Wolken, die über unserem Leben liegen, ein Stück weit aufreißen und etwas aufleuchten lassen vom Himmel, der uns in Jesus ganz nahe gerückt ist. Amen.

Exaudi

Annäherungen an den Predigttext Johannes 14,15-19

Reinhard Kirste

Die folgenden Äußerungen sind »Blitzlichter« aus verschiedenen Gesprächen zu ganz unterschiedlichen Anlässen. Glaubende Christinnen und Christen haben ebenso dazu beigetragen wie Muslime, denen dieser Text vorgelegt wurde bzw. die ihn teilweise schon kannten und »Säkularisten«, denen das ganze Gerede über den Heiligen Geist nur als Versuch vorkam, irgendwelche überholten Glaubensinhalte zu retten. Keinen aber ließ dieser Text kalt, stellt er doch eine Behauptung als Verheißung in den Raum und koppelt er diese Verheißung mit dem Verhalten der Liebe.

Zum Thema »Geist« und »Tröster« (aus einer abendlichen Gesprächsrunde)
»Bei Geist denke ich an Weingeist, den Geist aus der Flasche, die Flasche als Tröster.«
»Was ist das eigentlich für ein Geist in den geistigen Getränken?«
»Hat etwa der Hl. Geist etwas mit Rausch zu tun? Besoffen vom Hl. Geist?«
»Ja, wer soll den nun womit und wozu berauscht werden?«
Eine Lehrerin: »Wenn ich in diese Klasse komme, schlägt mir jedesmal eine derartige Kälte von den Schülern entgegen, daß ich regelrecht eine Stunde lang friere.«
»Bei dem Geist, der umgeht, fällt mir seltsamerweise nicht das Gespenst ein, sondern *Goethes Zauberlehrling:* ›Hat der alte Hexenmeister sich doch einmal wegbegeben, und nun sollen seine Geister auch nach meinem Willen leben. Seine Worte merkt' ich und den Brauch, und mit Geistesstärke tu ich Wunder auch!‹«
»Allerdings war der Geist dann nicht mehr zu bändigen, und der arme Zauberlehrling mußte zusehen, wie er mit Wasser mehr oder minder zugeschüttet wurde, konnte er doch den dienstbaren Geist mit seinen Wassereimern nicht mehr bremsen.«

Thema »Tröster« (aus einer anderen Gesprächsrunde)
»Mit Trost kann man mehr anfangen als mit Geist. Irgendwie brauchen wir alle Trost, Geborgenheit, Heimat.«
»Ist dieser Text nicht der fragwürdige Versuch, die knallharte Wirklichkeit mit etwas heiler Transzendenz zu überhöhen?«

»Beim Wort ›Tröster‹ fallen mir einige Kinder meiner Kindergartengruppe ein, die manchmal nichts weiter brauchen, als liebevoll in den Arm genommen zu werden.«

Zur Gestalt des Hl. Geistes als Tröster und Beistand (ein zorniger Einwurf)
Der Verdampfungsgrad Gottes hat inzwischen eine Intensität erreicht, die diametral zu den Predigtbemühungen der Pfarrer steht. Schließlich versuchen viele von ihnen doch nur Sonntag für Sonntag in dogmatischen Wortschablonen den Geist Gottes zu beschwören. Der hustet ihnen aber etwas.

Von der Blindheit zu neuem Sehen (Notizen eines Bibellesers)
Lieben und die Gebote halten, das ist identisch. Irgendwie ist das faszinierend: Eigentlich sind die Gebote ja gut - nur der Krampf, den wir daraus machen, der macht es uns oft so schwer. Dazu kommt die Angst, etwas zu verlieren, die Angst vielleicht auch, nicht wir selbst zu sein und zu bleiben, wenn wir nach Gottes Geboten leben. Wer Jesus liebt, der weiß automatisch, was bei Gott wichtig ist - und tut es auch. Liebe gibt es nicht einfach so.
»Ihr aber kennt Jesus«: Sind das nicht eher die Christen des Johannesevangeliums als die von 1994? Sicher, es handelt sich um Erfahrungen der christlichen Gemeinde: Sie hat etwas, was sonst niemand in der Welt haben kann. Aber da bleiben Gegensätze: Wie ist das mit den Hoffnungen, die die anderen, nicht zur Gemeinde Gehörigen haben, also die »Welt«? Wird sie, soll sie in Blindheit bleiben? Angst, daß die Welt blind bleibt, kann man doch nur haben, wenn es einem selbst gut geht und man sich leisten kann, einen Unterschied zur »Welt« zu machen.
Aber es gilt auch: Man kann sich Jesus nicht im Geist einbilden und meinen, er lebt schon, noch oder wieder - das Sehen ist wichtig. Es geht wohl um ein Sehen neuer Art. Die Welt hat Jesus gesehen - und konnte doch mit ihm nichts anfangen. Bei den Christen ist das anders. Sie sehen mehr als das, was vor Augen ist. Hoffentlich!

Mohammed, der verheißene Tröster (aus Gesprächen in einer Moschee)
Muslime sehen Mohammed als den Tröster an, den Gott schicken will. Jesus weissagt also das Kommen des Propheten Mohammed. Daß man ›in Gott‹ sein kann, klingt für Muslime nicht anstößig, weil jeder Mensch eine intensive Gottesbeziehung suchen soll. Aufregend ist allerdings schon, daß Weissagungen im Islam nach derselben Manier wie im Christentum »funktionieren«, wo etwa in den Weihnachtsverheißungen der hebräischen Bibel - z. B. des Propheten Jesaja - Christen wie selbstverständlich davon ausgehen, daß der versprochene Immanuel oder das Kind der Jungfrau (bzw. jungen Frau) Jesus Christus sein wird. Keiner fragt wirklich ernsthaft: Wie denken denn Juden über solche Usurpation von Verheißungen?

Das stößt Christen natürlich etwas seltsam auf, wenn sie mit derselben Argumentation durch eine andere Religion schachmatt gesetzt werden und ihnen nun vorgeführt wird, daß sich die Verheißung im Johannes-Evangelium auf Mohammed beziehen soll, der nach göttlichen Maßstäben eine ›kurze Zeit‹ später als der Prophet Jesus lebte.
Allein aus dieser Stelle wird schon deutlich, wie aufmerksam eine Reihe von Muslimen die Bibel lesen. Wer will ihnen aber verübeln, daß sie das Neue Testament so deuten? Man kann die Wahrheit nicht einfach für sich reklamieren. Wissenschaftlich gesehen war vielleicht sowieso alles ganz anders. Merke: Wenn zwei das Gleiche tun, ist es noch lange nicht das Gleiche - und Wahrheit ist etwas anderes als Richtigkeit.

Trost und Abschied - Liebe und Gebote (Spontanäußerungen einer Lehrerin zu den einzelnen Versen)

V. 15: Es scheint sehr wichtig zu sein, Jesu Gebote zu halten. An welche Gebote ist hier gedacht? Geht es darum, ohne Jesus im Alltagsleben zu bestehen, dort dann noch etwas von ihm zu spüren? Nun, wenn die Jünger ihn lieben, wird das wie von allein geschehen. Dann bleiben sie auf dem richtigen Weg, haben eine Orientierung, etwas Greifbares, Bekanntes.
V 16: Inwiefern war Jesus (in erster Linie) ein Tröster? Dieser andere Tröster wird den Jüngern nicht mehr genommen werden - Kann es sich dann um einen Menschen wie Mohammed handeln?
V. 17: Der Geist der Wahrheit: Plötzlich abstrakt, intellektuell, wenig greifbar, geheimnisvoll. Aber sind die Jünger nicht einfache Menschen? Was ist unter diesem Geist der Wahrheit zu verstehen: Eine Einstellung, eine Haltung, der Sinn für das Richtige? Ansonsten geht es um menschliche Gefühle, um Liebe, also um Personen.
V. 18: Jesus als Vater seiner Kinder: Es geht um den Abschied eines Vaters von seinen Kindern. Diese sollen getröstet werden, erhalten Anweisungen, Ratschläge und Hilfen für die Zeit der Abwesenheit des Vaters. Die Atmosphäre läßt Traurigkeit, Kummer, Verständnislosigkeit, Ratlosigkeit, Orientierungslosigkeit und Verzweiflung durchschimmern.
Der Text erinnert an eine Mutter, die ihre Kinder für eine Zeit allein lassen muß und für diese Zeit einen Ersatz, einen Stellvertreter besorgt. Wie solche Kinder scheinen die Jünger ohne Jesus verloren, verwirrt, ohne Freude, ohne Lebenssinn.
V. 19: Was hat der Text mit mir zu tun? Auch ich kann Jesus nicht sehen. Er ist immer noch nicht zurückgekommen. Soll der Tröster auch für mich dasein? Ich meine oft wenig oder gar nichts von ihm zu spüren.

Liebe als Maßstab für Wahrheit (aus einem Religonskurs in der Oberstufe des Gymnasiums)

Überhaupt: Wie sieht denn das Verhältnis von Wahrheit und Liebe aus? Offensichtlich schließen sich Liebe und Wahrheit nicht aus. Nur wer

Liebe übt, scheint überhaupt die Wahrheit zu erkennen, die qualitativ anders ist, als was uns sonst an Wahrheit angeboten wird. Wenn Liebe das Kriterium für Wahrheit ist, muß die Pilatusfrage: *Was ist Wahrheit?* im christlichen Glauben offensichtlich neu aufgerollt werden, weil in der Geschichte des Christentums zu oft die Wahrheit auf Kosten der Liebe ging.

Ulrich Schoen: Der Geist der Kommunikation
»Wenn wir uns nun auf das - unsachgemäß gesprochen - *›eigene‹ Handeln des Geistes* konzentrieren, hören wir z. B., daß unsere Schrift sagt, daß der Geist der ›Tröster‹ ist. (Ja, ein Tröster in verzweifelten Angelegenheiten). Und wir hören, daß die feministischen Theologinnen die Weiblichkeit von *Ruah* wiederentdecken - eine Bedeutung, die sehr gut zur ›Demut‹ des Geistes paßt, von der unsere Tradition spricht.
Wir mögen viele weitere ›spezifische‹ Aufgaben des Geistes bestimmen ..., ohne jemals ihre Fülle auszuschöpfen.
Die Haupsache - so scheint es mir - ist, daß wir uns der Möglichkeit von brandneuen und überraschenden Aktionen des Geistes (in neuen Konstellationen, in neuen Entwicklungen, in alten und neuen, in großen und in kleinen Religionen ... etc.) bewußt werden.
Und daß wir eine ›Gänsehaut‹ jedesmal bekommen, wenn wir dem Geist begegnen, d. h. ›Gott‹ und nichts anderem als Gott« (aa0 219 f.)
»Wenn wir eine der unzähligen ›typischen‹ Aktionen des Heiligen Geistes aufnehmen, mögen wir sagen, daß der Geist der ›Agent der Kommunikation par excellence‹ ist.
Inmitten der Trinität setzt der Amor-Geist eine Beziehung zwischen dem Amans-Vater und dem Amatus-Sohn (= setzt der Liebe-Geist eine Beziehung zwischen dem Liebend-Vater und dem Geliebten-Sohn)« (aa0 223 f.).
Da es also nur zwei Arten von Beziehungen in der Welt gibt, freundliche und unfreundliche, wollen wir unsere Sensibilität trainieren, damit wir ›die Geister riechen‹, indem wir aktuell interpersonelle und interreligiöse Beziehungen *leben:*
Wenn die Beziehungen ›gut riechen‹ (›wenn dort Liebe ist‹, wie 1. Joh. 4,7 sagen würde), könnte es gut eine Beziehung sein, die von dem Agenten der Kommunikation gemacht wurde. Wenn die Beziehung ›schlecht riecht‹, könnte der Agent der Teilung, d. h. der Satan gut am Werke sein!
»Der Herr des Ostens und der Herr des Westens und von dem, was zwischen ihnen ist« (Koran 26,28)
Das kann gut bedeuten, daß Gott besonders von Spalten und Ritzen zu tun hat! Wenn die Herrschaft von interreligiösen Beziehungen die Täter von Salam, Schalom, Jesusfrieden, Shanti, oder wie auch immer Gläubige ausdrücken, was Friede für sie ist - wenn die Täter der Gerechtigkeit und die Bewahrer der Natur zusammen nachdenken und handeln, wird sich wohl der ›Gott, der Ritzen liebt‹, aufzeigen und ihnen helfen, gemeinsam zu

unterscheiden, was inhuman und böse ist, um es aus Gottes Garten auszureißen.« (aa0 224 f.).

Ulrich Schoen in: *Discerning the Spirit* (Mission Studies. Journal of IAMS, Vol. IX-2/1992, S. 212-227; Übersetzung und Zwischenüberschrift von mir).

Zum Gottesdienst

Helmut Gröpler

Theologisch-homiletische Skizze

Die »Annäherungen an den Predigttext Johannes 14,15-19« bestehen aus Beiträgen und Assoziationen, die mir wie einzelne Mosaikfelder eines Bildes erscheinen. Das ganze Bild kann ich noch nicht erkennen, aber wichtige Konturen werden sehr schön herausgearbeitet.

»Der Text erinnert an eine Mutter, die ihre Kinder für eine Zeit allein lassen muß und für diese Zeit einen Ersatz, einen Stellvertreter besorgt. Wie solche Kinder scheinen die Jünger ohne Jesus verloren, verwirrt, ohne Freude, ohne Lebenssinn«, äußert eine Lehrerin. »Was hat der Text mit mir zu tun? Auch ich kann Jesus nicht sehen. Er ist immer noch nicht zurückgekommen. Soll der Tröster auch für mich dasein? Ich meine oft wenig oder gar nichts zu spüren.« Genau darum geht es in unserer Predigtperikope. Die Situation der Jünger-Gemeinde nach dem Weggang Jesu zum Vater wird reflektiert. Die Jünger sind traurig über den Abschied Jesu. Was soll aus ihnen werden? Wohin Jesus geht, können sie nicht folgen. Sie müssen hierbleiben. Die Jünger wird der »Haß« der Welt (15,18) treffen. Sie werden - wie Jesus selbst - verfolgt werden (15,20).

Unser Predigttext gehört zu den Abschiedsreden Jesu. Er enthält zwei selbständige Sprucheinheiten. 1. Die Verse 15-17 sind Teil der Parakleten-Worte, von denen es in den Abschiedsreden fünf gibt (14,16; 14,26; 16,7b-11; 16,13 f.). Sie gehören wahrscheinlich zu einer älteren Tradition, die Johannes seinem Evangelium eingefügt hat. 2. Die Verse 18+18 (bis 24) bilden einen Spruchabschnitt über das Kommen Jesu zur Gemeinde. Die verbindende Klammer zwischen diesen beiden verschiedenen Aussagen ist das tröstende Wort, das der Gemeinde in Vers 18 zugesagt wird: Sie ist nicht »verwaist«, auch wenn der irdische Jesus nicht mehr bei ihr ist. Die Gemeinde ist nicht auf sich gestellt. Christus ist da, er wirkt in ihrer Mitte. Die Abschiedsreden nehmen die nachösterliche Situation voraus: Jesus lebt. Später wird man das auch von den Seinen sagen können: »Ich lebe, und ihr sollt auch leben« (19b).

Darin besteht das Proprium unseres Textes, daß in ihm der »Paraklet« verheißen wird. Martin Luther übersetzt »Tröster«, weil ihm der Trost der angefochtenen und verunsicherten Herzen wichtig ist. »Paraklet« (passivisch) aber heißt der Herbeigerufene, dann auch der Helfer und Fürsprecher, Anwalt. Die lateinische Übersetzung »advocatus« erinnert an die forensische Bedeutung (vgl. auch die Revised Standard Version: »Counsellor«). Der Paraklet ist der Geist, der die Jünger lehrt und erinnert, sie in die Wahrheit hineinführt, Zeugnis für Christus ablegt, die Welt ihrer Sünde überführt.

»Dieser Beistand hat für die Jünger den Vorteil, daß er nicht mehr von ihnen genommen wird; er wird für immer bei ihnen bleiben und in ihnen wirksam sein. Er ist der Geist der Wahrheit, der die Jünger in der Wahrheit Jesu erhält« (Johannes Schneider z. St.). Nach R. Schnackenburg »geht es vor allem um Glaubensstärkung für das Jüngersein und die Jüngeraufgaben in der Welt. Der zum Vater heimgekehrte Jesus unterstützt ihr Wirken vom Himmel her; der Geist der Wahrheit aber erfüllt sie innerlich und ist ihnen in ihrer Selbstbehauptung gegenüber der Welt ein dauernder Beistand und eine beständige Kraft« (z. St.).

Der Paraklet ist die Kraft, in der Christus in einer anderen Form zu den Seinen kommt, in ihrer Mitte gegenwärtig ist und sie mit Erkenntnis füllt. Wo der Geist ist, da ist Leben. »Der Heilige Geist ist das wahrhaftige Leben« (Römer 8,10). Im Nicaenum heißt es: »Ich glaube an den Herrn, den Heiligen Geist, der da lebendig macht«. – Die Abschiedsreden sind umrahmt von zwei Handlungen Jesu: der Fußwaschung und dem Fürbittgebet. Davon lebt nämlich die Gemeinde, von seinem Dienst und von seiner Fürbitte. Von daher allein empfängt sie ihre Kraft.

Vorschläge zur Liturgie

Kollektengebet

Herr, wir danken dir für deinen lebensschaffenden Heiligen Geist. Wir wollen darauf achten, daß er uns zu starkem Glauben und tätiger Liebe erwekken kann. Aus eigener Kraft sind wir dazu nicht fähig.

Deshalb ermutige uns, den kleinen und doch so großen Schritt zu wagen, uns selbst loszulassen und unser ganzes Hoffen auf dich zu setzen. Du bist der Schöpfer einer neuen Zukunft, ein Gott der Liebe in Ewigkeit. Amen.
(Quelle unbekannt)

Zum Credo ein Text von Jörg Zink:

»Ich glaube an die Kraft des Stillen und des Schwachen
und an die heilige Energie in ihm.
Ich glaube an das zarte Leuchten mitten in der Nacht
und an die Zukunft Gottes mitten in den Schrecken der Zukunft.

Ich glaube an das heimliche Wort mitten im Schweigen
und an seine verwandelnde Kraft.
Ich glaube, daß ich nicht angewiesen bin auf die Gedanken,
die ich mir selbst ausdenke.
Ich glaube, daß, der das Ohr geschaffen hat, hört,
daß, der die Stimme geschaffen hat, spricht.
Ich glaube, daß Gott nicht fern, sondern nah ist
als Licht und Sinn meines Tages und meines Lebens.
Ich glaube, daß von mir nichts gefordert ist,
als daß ich mich füge, als williges Werkzeug in die Hand Gottes.
Damit durch mich, durch uns alle
das Notwendige geschieht zum Leben und Heil der Welt.
Ich glaube an den Heiligen Geist.«
(In: Kirchentagstaschenbuch 1977, S. 166)

Fürbittengebet
Komm, Heiliger Geist, in unsere Städte, in unsere Häuser,
in unsere Familien, in unsere Augen, in unsere Herzen.
Ohne Dich lesen wir Bücher und werden nicht weise,
ohne Dich reden wir lange und werden nicht eins.
Ohne Dich sehen wir nur Fälle, Zahlen und Fakten.
Ohne Dich zerfällt unser Leben in eine Reihe von sinnlosen Tagen.
Ohne Dich werden wir treulos.
Ohne Dich zerstört uns die Technik.
Ohne Dich werden die Kirchen Museen.
Ohne Dich wird das Beten Geschwätz.
Ohne Dich wird unser Lächeln erstarren.
Ohne Dich wird unsere Umwelt verwüstet.
Komm, Heiliger Geist ...
(Martin Gutl, Loblied vor der Klagemauer, 4. Auflage 1990, Verlag Styria, Graz Wien Köln)

Vorschlag zur Predigt

Möglicher Anfang
»Ich komme zu euch«, sagt Christus seiner Gemeinde vor dem Pfingstfest. Ich komme zu euch und möchte euch ermutigen und helfen, das Leben zu bewältigen. Das ist die gute Nachricht für uns heute, die wir nötig haben. »Ich will euch nicht als Waisen zurücklassen.«
Liebe Gemeinde, kommen wir uns manchmal nicht wie »Waisenkinder« vor, die nicht wissen, wo sie hingehören? Die mit dem Leben fertig werden müssen, ohne zu ahnen, wer ihnen die Fragen beantwortet? Die freudlos und ratlos durch das Leben gehen, ohne dahinterzukommen, worin der Sinn besteht?

Ihr seid nicht auf euch selbst gestellt, sagt Christus, euren Ängsten und Anfechtungen ausgeliefert. Nein, ihr seid nicht »verwaist«, ich sorge dafür, daß es euch gut geht.

Zum weiteren Verlauf

Wie wird uns geholfen?

1. Wir sind nicht auf uns gestellt. Der Geist ist da, der Paraklet, der Beistand und Helfer. Wissen wir, wie sehr wir ihn brauchen? Sonst müßten wir der modernen Psychologie Recht geben, die behauptet, daß der Mensch von Natur aus dem Menschen ein feindliches Wesen ist. Mit ihm sei nicht viel los, er sei das Wesen, das sich selbst zerstört, das nicht glücklich sein kann. Zeitungsmeldungen: Gewalt auf den Straßen; wie gehen Menschen miteinander um? ... Wir sind oft hilflos wie Waisenkinder. Der Dritte Glaubensartikel scheint heute zu kurz zu kommen. Es ist lebensnotwendig, ihn wiederzugewinnen. Ich glaube an den Heiligen Geist. D. h.: Ich glaube an die Zukunft Gottes inmitten unserer Gegenwart. Ich glaube, daß Gott nicht fern, sondern nah ist als alles wandelnde Energie meines Lebens und des Lebens der Gemeinde. Ich glaube, daß ich nicht angewiesen bin auf die Gedanken, die ich mir mache. Ich glaube, daß Gott Türen auftun wird, wo ich am Ende meiner Möglichkeiten bin. Ich glaube, daß mein kleines Leben hineingehört in ein umfassendes Ganzes und daß Gott mich dazu gebrauchen möchte, daß durch mich und durch viele etwas geschieht zum Leben und Heil der Welt. »Und er wird euch einen anderen Beistand geben, der für immer bei euch bleiben soll« (16).
2. Wir werden vom Geist angewiesen in die Wirklichkeit, wie Gott sie haben möchte. Er ist »ein Geist der Wahrheit, den die Welt nicht empfangen kann, denn sie sieht ihn nicht und kennt ihn nicht« (17).
   Wir lernen sehen. Wir sehen Situationen und uns selber neu. Wir können einander helfen, die Wirklichkeit so zu sehen, wie sie wirklich ist und nicht, wie wir sie haben möchten. Sagen wir die Wahrheit ohne Schadenfreude, ohne Zynismus, ohne Beschönigung? Helfen wir einander, die Wahrheit zu erkennen und die Wahrheit zu tun? Lassen wir uns zu einer Wahrheit befreien, in der Glaube und Liebe nicht schöne Ideen sind, sondern die Wirklichkeit unseres Lebens?
3. Wir haben die Wahrheit nicht gepachtet. Aber Gottes Geist läßt uns unser Leben annehmen wie es ist, mit seinen positiven Seiten und seinen Defiziten. Unser Leben hat einen Sinn, ob wir gesund sind oder krank, arbeitsfähig oder arbeitsunfähig, leistungsstark oder schwach, schuldig oder unschuldig. Wir haben einen Beistand, einen Befürworter, der uns hilft, ja zu sagen zu unserem Leben. Heiliger Geist heißt: Christus ist da, er ist das Geheimnis unseres Lebens. »Ihr aber sollt mich sehen, denn ich lebe, und ihr sollt auch leben« (19).
   Menschen haben das erkannt. Sie haben von ihren Erfahrungen erzählt. Zu ihnen gehört der Schauspieler Ernst Ginsberg: »Ich bekenne mit

Dankbarkeit, daß der Glaube, die Freude, das Glück, der Trost und der Segen meines Lebens und des Lebens der Meinigen gewesen ist und daß ich in den Tagen, in denen ich dieses schreibe, die letzte Bestätigung und Stichhaltigkeit dieses Glaubens erfahren durfte: Angesichts des Todes, dem mich eine schwere Lähmungskrankheit entgegenführt, die für einen Ungläubigen mit einer Tat wie der Hemingways zu beenden wäre, die der Glauben aber im Blick auf das Kreuz zu ertragen vermag.« Vielleicht sehen wir noch nicht so klar. Vielleicht sind unsere alltäglichen Erfahrungen nicht so eindeutig. Aber wir sollten uns dafür offenhalten, in dem, was uns das Leben bringt, eine vom Glauben her eröffnete Lebensmöglichkeit zu entdecken. Wir haben einen Beistand und Helfer.

Möglicher Schluß

Wir sind unterwegs, zusammen mit Weggefährten und mit unserer Gemeinde. Wir gehen auf Pfingsten zu. Wir haben die Zusage unseres Herrn Jesus Christus. »Ich will euch nicht als Waisen zurücklassen; ich komme zu euch.« Das gilt. Nun laßt ihn auch zu euch kommen. Amen.

Kontexte

Als alternative Möglichkeit läßt sich die Predigt auch unter Hinzuziehung von *Bildmaterial* gestalten:

1. Z. B. »Das Wiedersehen« von Ernst Barlach. Den Jüngern wird ein Wiedersehen versprochen. Nach schwerer Zeit, ermöglicht und erleichtert durch den Begleiter, wird er selbst da sein. »Was hat der Thomas alles hinter sich, wenn er sich an Jesus klammert. Barlach hat wohl geahnt, daß die Berührung wichtiger ist als das Gespräch« (Karl Dieter Behm, »Die Zeichen der Zeit«, Dezember 1988, zum Text).

2. Kokoschka – Bild von 1947: Jesus hängt am Kreuz. Vor ihm Menschen, die zu ihm hochsehen. Jesus ist den Menschen so sehr zugewandt, daß er eine Hand vom Kreuz gelöst hat, sich zu ihnen hinabbeugt und ihnen die Hand zustreckt. Die Menschen ergreifen und halten sie fest. Am Kreuz ist zu lesen (englisch): »Den Kindern in Europa, die vor Hunger an diesem Weihnachtsfest sterben.« Daneben in Großbuchstaben Johannes 14,19: »Ich lebe, und ihr sollt auch leben.«

»In den konkreten Nöten der Welt ... wird sich der Geist bewähren. An den Konkretionen möchte ich festhalten, damit der Geist nicht doketisch erscheint. Der Geist wird sich hier bewähren – nicht, indem er schnelle Lösungen bringt, sondern indem er in eine Gemeinschaft hineinstellt und diese inspiriert. Er wird Bilder und Worte (wieder) finden lassen. Er wird weit vorausgreifen in seinen Visionen vom Himmelreich, wo die Herren Diener sind. Er wird Liebe möglich machen und die Kraft geben, einander zu vergeben. Er wird auch die Kraft geben, Leiden zu begreifen (vgl. Joh. 20,27 f.). In all dem wird er aufbrechen und durch die Dunkelheiten der Welt hindurchgehen lassen.« (Beate Stierle in Predigtstudien V/2, 1989, S. 54).

Pfingstsonntag

Annäherungen an den Predigttext 4. Mose 11,11–12, 14–17, 24–25

Eschel Alpermann

Frauen (hier *1* bis *7*), die regelmäßig zusammenkommen und als treue Gottesdienstbesucherinnen gelten, lesen den Text und versuchen Annäherung. Sie beteuern ihre fachliche Unkenntnis sowie Unvollständigkeit und Fragwürdigkeit ihrer Antworten und Ergebnisse.

Frage: Bei welchem Anlaß könnte dieser Text verwendet werden? *1:* Das Stichwort ›Pfingsten‹ fällt auf. Also vielleicht an Pfingsten?! *2:* Pfingsten, da wurde die Gemeinde gegründet! Und hier geht es um ›verteilte Aufgaben an die Ältesten‹. Da sehe ich einen gewissen Zusammenhang. – *1:* Darf man Gott so bedrängen, wie es Mose tut? (Diese Frage löst langes, stilles Nachdenken aus; sie scheint bedrohlich zu wirken. Als ob die Frage ein Tabu anrühre, wird sie verdrängt. Neue Frage richtet Unmut gegen Mose.) *1:* Warum ist Mose so unwillig? Warum ist seine Last so schwer? Worin besteht sie? – Mehrere Frauen entdecken: »Nun aber ist unsere Seele matt, denn unsere Augen sehen nichts als Manna.« Es ist nichts anderes da als Manna! *3:* Auch damals waren die Menschen schon gierig (– »Manna sammeln«)! *2:* Was geht in dem Mose vor, wenn er resigniert sagen kann, »Warum finde ich keine Gnade vor deinen Augen?«? Ist etwa sein Glaube wankelmütig? – Antworten ergeben: Gott tadelt nicht, ›erzieht‹ nicht; ein Versagen des Mose ist nicht zu finden. Umso seltsamer die Frage nach der Gnade! Was macht den Unterschied aus zwischen ›Gnade finden‹ und ›keine Gnade finden vor Gottes Augen‹? – Allseits Einverständnis: Es muß etwas sein, das für Mose sehr wichtig ist und ihm eine Hilfe sein könnte, um ›die Last zu tragen‹. *2:* Etwas ist komisch: Mose bekommt nicht gesagt, was er richtig oder falsch gemacht hat, – was besser werden muß!
4: Ich lese (v. 17) ›von deinem Geist … nehmen‹! Ich hätte erwartet: ›von meinem Geist‹! Wieso gibt Gott nichts von ›seinem‹ Geist? *2:* Von den Kräften, die Mose hat, soll er abgeben; seinen Geist gibt er weiter an andere. – Gedankenspiel zu ›teilen‹, ›austeilen‹: Entweder ist nach dem Austeilen ›nur überall ein Teil‹ vorhanden (also sehr wenig) oder ›alle haben Anteil am Geist‹ (also verteilte Wirksamkeit); dann wären sie ein Team! *5:* »Mose bleibt der Boss; alle arbeiten mit‹.« *4:* Wenn der Geist kommt, dann ist die

Last genommen; sie ist weg! *3:* Wenn Verzagtheit aufhört, ist die Hilfe wirksam. *2:* Wie ist das Schicksal des Mose: Hat dies dem Mose geholfen, daß die anderen so ›abheben‹? *7:* Mose muß auch befreiter sein. Es muß ihm 'was gebracht haben! - *4:* Aber was?

1: Das Amt, das Mose übertragen wurde, bringt Mose nicht automatisch den Geist; auch er muß ihn zwangsläufig zugeteilt bekommen. Möglicherweise kommt schon in der Bibel diese Problematik in Sicht. Von daher ist auch mehr Demokratie in der Kirche angesagt, - wenn siebzig (!) Älteste den Geist als Anteil erhalten. *2:* Das ist auch heute aktuell! *4:* Hat die Zahl siebzig eine Bedeutung? *6:* Das könnte man - über die Ältesten hinaus - noch weiter ausdehnen: auf ehrenamtliche Mitarbeiter!

1: Die Beteiligung am Geist scheint die Hauptsache zu sein. Aber wie fühlt sich Mose? *3:* Er bekommt eine Therapie: Ent-lastung; die anderen kriegen Be-geisterung! *1:* Wie sieht es denn heutzutage mit Not und entsprechender Hilfe aus? *4:* Uns ist es allen gut gegangen: Und schon bleiben wir alle aus der Kirche raus. Wir haben soviel, daß wir Gott vergessen. Wir kriegen wieder mehr Nöte! *2:* Das Miteinander fehlt, das lebendige Miteinander. *4:* Aus depressiver Lage kommt man nicht allein heraus. *1:* Der geistbegabte Mose ist nicht der Starke, der etwas, den Geist, weitergeben kann. Wie geschieht das, wenn der Geist ausgeteilt wird? *2:* Wenn Gott das Herz öffnet, daß ich bereit bin, - wenn ich spüre, daß da mehr ist - nicht bloß Sorgen und Alltag -, daß ich in mir die Hoffnung habe: Hier ist eine Kraft! Ich kann nämlich nicht von mir aus glauben. Dieser Geist, der eine Gruppe weiterträgt -, wenn der wirkt, dann ist Hoffnung da! Der Text ist optimistisch. - (Seufzer:) Was heute auf dem Balkan geschieht, versteht man nicht mehr! *4:* Da fehlt heiliger Geist! Ist das nicht eine Strafe Gottes? Ohne ihn kommen wir da nicht aus dem Dilemma. *4:* Wir haben die ›Friedenswochen‹ gemacht usw. Vielleicht hat das geholfen! Der ›große Zusammenstoß‹, den wir befürchtet und erwartet hatten, ist ausgeblieben.

Zum Gottesdienst

Helmut Liersch

Theologisch-homiletische Skizze

Das ist selten genug: ein Predigtausflug in das 4. Buch Mose, das seinen lateinischen Namen Numeri trägt, weil es in den Kapiteln 1 bis 4 und 26 von einer Volkszählung erzählt. Während die ersten neun Kapitel noch zu dem in 2. Mose 19 beginnenden Erzählblock vom Sinai gehören, beginnt ab Kapitel 10 die Annäherung an das Gelobte Land. Hier ist nun vor allem von

zahlreichen Irritationen die Rede, vom Murren des Volkes, von Mutlosigkeit und vom Aufruhr gegen Moses. Das entscheidende Leitmotiv bleibt dabei die Treue Gottes, der an seinem Volk festhält, obwohl es sich im Kern nicht ändert.
Die merkwürdig eklektische Versauswahl erklärt sich daraus, daß das Erzählmotiv der Wachtelspeisung herausgelassen wurde. Diese Entscheidung ist exegetisch begründet, aber auch homiletisch sinnvoll, weil die Last, die Mose mit dem Volk hat, über das Hungerproblem hinausgeht. Er ist einsam geworden in der geistlichen Leitung des Volkes. Zwei weitere Stellen in der Tora erzählen von einer Entlastung des zu ruinöser Selbstüberforderung neigenden Mose. In 2. Mose 18 heißt es: »Du machst dich zu müde, dazu auch das Volk, das mit dir ist. Das Geschäft ist dir zu schwer; du kannst es nicht allein ausrichten.« So urteilt der Schwiegervater Jitro (Vers 18; vgl. 5. Mose 1,9 ff.).
Der Text reizt zur unmittelbaren Identifizierung mit der persönlichen Situation. »... daß du die Last dieses ganzen Volkes auf mich legst ...«: Das ist die Klage des Pfarrers und der Pfarrerin in den Tagen vor Pfingsten – und nicht nur da –. Ja, der priesterliche Mensch stöhnt hier, allein stehend zwischen Gott und Volk, überlastet und in dem Gefühl lebend, daß ohne ihn oder sie alles zusammenbricht und daß der Einsatz immer noch nicht reicht. Wer sich dafür entscheidet, über einen solchen Text zu predigen, sollte sich allerdings davor hüten, die Mißstände der eigenen pastoralen Existenz zum beherrschenden Predigtthema zu erheben. Man kann auch ohne solche Verengung nahe dran bleiben an den so menschlich formulierten Klagen des Mose: »... bin ich etwa mit diesem Volk schwanger gegangen, habe ich es geboren, daß du mir sagen könntest: trage es auf deinen Armen ...«. In diese Richtung bewegen sich die »Annäherungen«: »Warum ist Mose so unwillig«, »was hat er falsch gemacht?«, so wird da gefragt. Wer so vorgeht, wird sicherlich an die Fragen und Sorgen der im Gottesdienst versammelten Gemeinde herankommen. Allerdings sollte man dabei die Gefahr sehen, den Text lediglich als Sprungbrett für die Schilderung der eigenen Lasten zu gebrauchen und so dessen Eigenaussage zu entkräften.
Worauf zielt die Perikope ab? Ich folge hier Frank Crüsemann in Gottesdienstpraxis (V. Reihe, Exegesen, 1982, S. 103), der den Text für exilisch, vielleicht sogar nachexilisch hält. »Mose« hatte sich in jener Zeit längst zu einer übergroßen Figur entwickelt, an der sich jeder zu legitimieren hatte, der geistlich führen wollte. Das Institut des Königtums war gescheitert, übrig geblieben waren die fast archaischen Strukturen der vorstaatlichen Zeit mit der natürlichen Autorität der Sippenältesten. Das Überraschende ist nun: »Die Ältesten, die entscheidende Größe der traditionalen Ordnung, werden mit dem Geist ausgestattet, dem zentralen Moment der dem Traditionalen so ganz entgegengesetzten charismatischen Herrschaft« (Crüsemann, S. 105). Nur so entsteht Neues und der Mut zum Aufbruch in

das Ungewisse, Exodus-Mut. Gottes Geist, Geist, wie ihn Mose empfangen hatte, ist nötig, um die Krise zu bewältigen. Daß solches sich ereignen kann - mit den vorhandenen Menschen! - das ist die Pointe des Textes. Bedeutet das: neuer Wein in alte Schläuche (gegen Markus 2,22)? Nein, denn dort wie hier sprengt die neue Zeit die alten Bräuche. Der Geist ist da, der Bräutigam (Jesus) ist da, *darum* kann es anders zugehen unter den Menschen.

Vorschläge zur Liturgie

Eingangsgebet
Gott,
wir haben uns hier versammelt,
weil wir deiner Zusage vertrauen.
Du willst mitten unter uns sein.
Du willst uns Geist von deinem Geist geben.
Du willst uns helfen, die Last unserer Zeit zu tragen.
Dafür danken wir dir.

Fürbitten
Herr, unser Gott,
so viele Menschen haben es nötig, daß wir für sie beten,
so viele, daß wir uns oft damit überfordert fühlen.
Die Kette der Nöte ist so lang
und die Schlange der wartenden Brüder so endlos,
daß unser Mitleid blaß und unsere Liebe kraftlos zu werden drohen.
Hilf uns, den einzelnen in den Blick zu bekommen,
damit an alle gedacht wird!
Wir beten für den Autofahrer, der heute in einer Sekunde heiterer Unachtsamkeit die Gewalt über sein Steuer verloren und dadurch einen Menschen getötet hat. Laß ihn nicht ersticken an seinen Schuldgefühlen, sondern öffne ihm durch deinen guten Geist den Weg zur Vergebung!
Wir beten für die Mutter, die um ihre Tochter weint, weil guter Wille, Vernunft und Gehorsam nicht mehr ausreichen, um den Graben zwischen ihnen zu überbrücken. Öffne beiden das Herz für den Mut und die Geduld, sich von deinem guten Geist einen fremden Weg führen zu lassen.
Wir beten für den Missionar, der nach dem nächtlichen Überfall auf die Station vor den verkohlten Trümmern seines Lebenswerkes steht. Wehre den anstürmenden Geistern der Verzweiflung, der Angst und der Rache durch die Gabe deines guten Geistes.
Wir beten für das junge Mädchen, das heute durch Zufall in eine Kirche geraten ist und sich nun auf einmal angerührt fühlt von deinem Wort. Laß

die flüchtige Stimmung durch deinen guten Geist zur zähen Bereitschaft wachsen, sich deiner Wahrheit auszusetzen.
Wir beten für den Patienten im Krankenhaus, der sich mit Schmerzen quält und noch mehr mit der Ungewißheit, was ihn erwartet. Laß die Menschen, die mit ihm umgehen, etwas ausstrahlen von Pfingsten, von der Kraft und der Liebe deines guten Geistes, die vor dem Leiden nicht flüchtet.
Wir bitten dich in der Gemeinschaft der weltweiten Kirche.
(Klaus von Mering in: Gottesdienst '80, hrsg. von Horst Nitschke, Gütersloher Verlagshaus, Gütersloh, S. 62)

Sendung und Segen
Die Feier des Pfingstfestes macht uns Mut zu einem festen und sicheren Schritt durch unser Leben, sie macht uns Mut zum Vertrauen auf Gottes Geist. Fürchte dich nicht! Du, Mensch, bist nicht einem blinden Zufall überlassen. Gott spricht: Ich habe dich geschaffen, ich habe dich lieb, ich habe die Erlösung für dich bereit, ich habe dich bei deinem Namen gerufen, du bist mein! Uns allen wünsche ich, daß wir aus diesem ermunternden Zuspruch Befreiung für die Zukunft mit nach Hause nehmen. Und der Friede Gottes, der höher als als unsere Vernunft, bewahre unsere Herzen und Sinne in Jesus Christus, unserem Herrn. Amen.
(nach Heinrich Keune)

Lieder
Bewährt und häufig empfohlen sind EG 134 »Komm, o komm, du Geist des Lebens«, EG 136 »O komm, du Geist der Wahrheit« und EG 255 »O daß doch bald dein Feuer brennte«. Neu im Gesangbuch findet sich EG 137 »Geist des Glaubens, Geist der Stärke« von Philipp Spitta. Es bietet einen Gang durch die biblische Geschichte mit den Stationen Abraham, Mose, David, Elia, Apostel und Stephanus. Eine Predigt über dieses Lied wäre als Alternative zum folgenden Vorschlag denkbar. Erwägen sollte man auch »Wo ein Mensch Vertrauen gibt« von H.-J. Netz (in: 52 Lieder der Hoffnung, av-edition München).

Vorschlag zur Predigt

Möglicher Anfang
»Ein junges Paar wollte heiraten. Doch sie waren arm und konnten kein großes Fest ausrichten. Dennoch wollten sie, daß viele Freunde an ihrer Freude Anteil hätten. So luden sie ihre Freunde zu einem Fest ein und baten sie, eine Flasche Wein zum Fest mitzubringen, die sie in ein großes Faß gießen sollten, damit jeder sich an der gemeinsamen Gabe erfreuen könne. So geschah es.«

Das ist doch eine großartige Idee, liebe Gemeinde! Das junge Paar läßt sich nicht entmutigen. Obwohl ein Fest eigentlich unmöglich erscheint: Es soll stattfinden, auf jeden Fall! Wenn wir es allein nicht schaffen, dann schaffen wir's vereint. So denken sie sich das und so leiten sie es in die Wege. Ein wirklich pfingstlicher Gedanke ist das. Nicht der einzelne Mensch macht das Fest, nicht das isolierte Pärchen bringt alles zusammen. Nein, es ist die Festgesellschaft insgesamt, die ihren Beitrag gibt. Pfingsten! Alle werden vom Geist Gottes erfaßt, jeder und jede begreift, daß Gott so großzügig war, daß man etwas zum Weiterschenken hat.
Warum gibt es dann in der Kirche so viele Menschen mit traurigem Gemüt? Warum haben so viele das Gefühl, allein dazustehen mit einer Last, die zu schwer ist für einen einzelnen Menschen? Wie kann es zu dem Eindruck kommen, daß nicht immer mehr, sondern im Gegenteil immer weniger Menschen vom Geist Gottes ergriffen werden? Offenbar gibt es schlechte Erfahrungen. So wie in unserer kleinen Geschichte von dem jungen Paar, das heiraten wollte. Sie ist nämlich noch nicht zu Ende. »Aber wie erstaunt, erschrocken und beschämt zugleich waren alle, als sie ihre Gläser an jenem Faß füllen wollten« - so heißt es in der Geschichte weiter - »Sie zapften nichts als pures Wasser. Jeder hatte gedacht, seine Flasche werde nicht auffallen und den Wein nur unwesentlich verwässern.« (Geschichte aus China nach W. Gerlach »Salz zum Würzen«, S. 41)

Zum weiteren Verlauf
Es ist also nicht alles »Wein«, was sich dafür ausgibt, und es ist nicht alles Gottes Geist, was sich in Herz und Seele der Menschen angesiedelt hat. Und daher ist es ganz offensichtlich auch nicht egal, *wen* man fragt und *wer* seinen Beitrag gibt. - An dieser Stelle können konkrete Beispiele eingebracht werden für Erfahrungen der genannten Art, für Enttäuschungen und gescheiterte Hoffnungen in der Gemeinde oder in der Kirche insgesamt. - Die Warnung vor einer Verwässerung des Geistes Gottes in der Kirche hat ihre Berechtigung. Von allen Seiten werden Ingredienzien empfohlen und beigegeben. Und alles zusammen wird zu einem ungenießbaren Gebräu. Von der Kirche wird erwartet, daß sie alles annimmt und versteht: globalen Umweltschutz und expandierende Weltwirtschaft, Soldat und Verweigerer, indigene Völker und Tropenholzimporteure ... Im Endeffekt wird so der Glaube zu einer Harmlosigkeit, Christus zu einer bloßen Kultfigur, Gott zu einer beliebig interprerierbaren Chiffre. Wer das erkennt, sieht sich zwangsläufig einer Versuchung gegenüber. Wenn es so wenige sind, die erkennen, in welch gefährlicher Zeit wir leben, muß dann nicht »ich« umso mehr tun? Muß ich nicht viel intensiver kämpfen? Muß ich nicht noch mutiger die Gottlosigkeit der Welt entlarven? Muß ich nicht noch schlüssiger und wortreicher beweisen, wie nötig der Mensch von heute die Begegnung mit dem Heiligen hat?

In bedrohter Zeit hat sich das Volk Israel und haben sich auch die Christen an Mose orientiert. Hier kann der Predigttext verlesen oder nacherzählt werden. Daran anschließend sollten folgende Gedanken entfaltet werden: Gott hat mit dem Volk Israel so etwas wie ein großes Fest vor, den Einzug in das Gelobte Land. Ähnlich war die Situation im Exil und vor dem Neubeginn im Land. Derjenige, der den Auftrag hat, dieses »Fest« vorzubereiten, ist der Verzweiflung nahe. Entscheidend wichtig ist es zu sehen, was Mose nun tut und was daraufhin passiert. Mose klagt ohne Hemmungen. Aber er hört auch auf Gottes Ratschlag. Und so schafft er es, die anderen zu bitten. Er holt sie herbei. Er läßt zu, daß der Geist Gottes auf die anderen verteilt wird. Er erfährt: Ich werde nicht dadurch ärmer, daß die 70 Ältesten reich beschenkt werden von Gott. Und: Es untergräbt nicht seine Autorität, daß er seine eigenen Grenzen akzeptiert.

Möglicher Schluß
Ganz bestimmt werden schlechte Erfahrungen und Enttäuschungen nicht das letzte Wort behalten. Ganz bestimmt sind viele Menschen bereit, »reinen Wein« einzugießen - wenn man sie nur läßt. Schon mancher, der sich zum Fragen durchgerungen hat, konnte erleben: Da ist ja Geist von Gottes Geist! »Älteste«, das »könnten Eltern sein, die ihre Kinder christlich zu erziehen versuchen; Kirchentagsteilnehmer, auch wenn sie der Ortsgemeinde kritisch begegnen; Besucher von evangelischen Akademien oder von Veranstaltungen des Sozialpfarramtes; ... Repräsentanten des Glaubens in der Gewerkschaft, einer Schulklasse, am Arbeitsplatz« (Johannes Seiß) oder auch - bisher unerkannt - im Haus gegenüber. Menschen sind es, die wir vielleicht längst kennen und denen wir lediglich zutrauen müßten, daß Gottes Geist auch sie bewegt.

Kontexte

Institution und Charisma
Gott wählt bei der Verteilung der Lasten und des Geistes die Verbindung von Amt und Geist, von Institution und Charisma. Es werden nicht siebzig Verzückte mit der geistlichen Verantwortung beauftragt, sondern siebzig wohlbeamtete Sippenälteste, Schreiber, Aufseher, bischöfliche Beamte geraten »in Verzückung wie Propheten und hörten nicht auf«. Wo einzelne schreien unter der Last der Verantwortung für das Ganze des Volkes Gottes, zeichnet sich die Hoffnung ab, daß es unter Haupt- und Ehrenamtlichen zu einer prophetischen Wende kommen kann.
(Dieter Trautwein in: »Assoziationen«/Radius, zur Stelle)

Grenzenlose Arbeit
Nicht wenige KollegInnen erleiden im Dienst schwere Herzerkrankungen. Viele gehen so früh wie möglich in Pension. Darüberhinaus ist die »innere Gesundheit« vieler gefährdet: Sie finden keine Antwort mehr auf die Fragen: Wer bin ich? Wo bleibe ich in der ständigen Überforderung durch »grenzenlose Arbeit«? Die Lebens-

erwartung der PfarrerInnen ist in den vergangenen Jahren gesunken; sie ist nicht mehr überdurchschnittlich, wie die Allgemeinheit immer noch meint. Der Gesundheitszustand vieler ist bedenklich.
(»Pfarrdienst - Arbeit mit Maß und Ziel« - Ein Diskussionsbeitrag der Pfarrervertretung der Evang. Landeskirche in Württemberg 1993, S. 5)

Betrogen
Man hat nicht selten Ordensschwestern vor sich, die mit 50 Jahren seelisch und physisch verbraucht sind und die zunehmend um ihr Leben sich wie betrogen fühlen, indem sie immer weniger sehen, daß ihre Opfer für irgend jemanden von Nutzen gewesen wären: in den Orden eingetreten, um Gott in den Menschen zu dienen, haben sie schließlich das Gefühl, in einem erstickenden Wust von Arbeit weder Gott noch den Menschen begegnet zu sein und einfach nicht mehr wissen, wofür.
(Eugen Drewermann, Kleriker - Psychogramm eines Ideals, © Walter-Verlag AG, 1989)

Erkenntnisfortschritt
»Ich werde nicht bezahlt fürs Parken, sondern fürs fahren!« Niki Lauda zur Begründung, warum er an einem Verunglückten vorbeigefahren war.
»Es gibt wichtigere Dinge als Wettfahrten. Leben zum Beispiel!« Niki Lauda nach seinem Unfall.

Pfingstmontag

Annäherungen an den Predigttext Johannes 4,19–26

August Friedrich Kleppel

Dem knallharten Widerspruch bei den aufmupfigen Jugendlichen der Berufsfachschule *-B* - steht entgegen die zum Bekennen bewährte Zustimmung glaubenserprobter Mitglieder des Bibel- und Besuchsdienstkreises - *A* -, und was bedeutet für beide nun der »Pfingstvers« von der Anbetung im Geist und in der Wahrheit? - *C* -

A.

Die Grundstimmung im Bibel- und Besuchsdienstkreis geben die Äußerungen wieder:
»Wir stehen fest im Glauben.«
»In vielen Jahren unseres Lebens haben wir den Wert des Glaubens erfahren.«
Wohl gibt es unter uns auch Fragen zu diesem Text, wie zum Beispiel:

- »Handelt es sich um verschiedene Textstellen aus verschiedenen Bibelteilen?«
- »Wer sind die Anbeter? Alle gläubigen Beter? Ich auch?«
- »Wieso kommt das Heil von den Juden? Kommt es nicht von Jesus?«
- »Wie sah die Anbetungspraxis der Samaritaner aus? Könnte man mehr über das Verhältnis Juden–Samaritaner erfahren?«
- »Ist mit ›Geist‹ der Heilige Geist der Trinität gemeint?«

Aber in starkem Maße herrscht Zustimmung zum Text und drückt sich in Sätzen aus wie:

- »Ich reagiere auf den Text mit Freude, weil Jesus sich so klar als Messias zu erkennen gibt.«
- »Der Text bestärkt mich darin, daß ich mit Jesus auf dem rechten Weg bin.«
- »Mit dem mir geschenkten Heiligen Geist vermag ich den Heiligen Gott recht anzubeten.«
- »Weil ich täglich aus dem Wort Gottes leben darf, möchte ich nirgends dem Wort Gottes widersprechen.«

B.

Weniger respektvoll sind die jungen Leute zwischen 16 und 22 mit dem Text umgegangen. Hier einige Stimmen:

- »Der Text entlockt nur Kopfschütteln. Er ist für Nichtgelehrte *nicht* – oder milder ausgedrückt – *nicht leicht* zu verstehen. Man braucht den Pfarrer, der das gelernt hat.«
- »Ehrlich gesagt: Ich verstehe nur Bahnhof und Abfahrt.«
- »Man müßte mehr über die Gedanken des Johannes erfahren und über den Zusammenhang des Kapitels wissen.«

Aber selbst, als der Kontext hinzugenommen wurde, kam der Einwand:

- »Der Verfasser springe von einem Thema zu anderen, z. B. Brunnen, Frau, Jesus, Wasser, lebendiges Wasser, Männer, Berg, Jerusalem, Anbetung, Messias, Juden, Samaritaner.«
- »Es sei eine rätselhafte Sprache, es ginge immer hin und her.«

Aufhorchen ließen mich die Verstehensansätze und die Auffassungen zu Themen wie Emanzipation, Ehe und Fremde:

- »Die Frau imponiert mir; sie ist so emanzipiert, daß sie niemanden zum Wasserschöpfen braucht, obwohl es doch schwere körperliche Arbeit ist.«
- »Der kirchlichen These, daß eine Frau nur einen Mann haben dürfe, muß voll widersprochen werden: es geht doch Jesus nichts an, ob sie fünf oder fünfzig Männer hat.« »Diese Ansicht paßt nicht in unsere Zeit.«
- »Soll man vielleicht lernen, nicht so schnell das Ja-Wort zu geben? Gehen so viele Ehen in die Brüche, weil man zu schnell den Partner – und damit auch den falschen – wählt?«
- »… Weiterhin ärgert es mich, daß nur die Juden die Gläubigen sein sollen. Solcherart fromme Aussagen schüren nur den Fremdenhaß, weil man sich irgendwie als Untermensch gegenüber den Juden vorkommt.« »Gibt es nicht bessere Städte als Jerusalem?« »Gott spricht doch *alle* Menschen an.«

C.

Wegen des Verses 24 dürfte die Perikope für Pfingstmontag bestimmt worden sein. So verdient dieser Vers besondere Aufmerksamkeit.

Wenn ich richtig beobachte, dürfte zu Anbetung, Geist und Wahrheit gegenseitige Verstehensbereitschaft da sein, wenn beide Gruppen ins Gespräch kämen.

Man verstände junge Menschen, wenn sie sagen:

- »Also, ich bin nicht so ein Typ, der betet, aber wie ich noch ein wenig jünger war, habe ich schon mal gebetet.«
- »Man tut es einfach; in schwieriger Situation hofft man, daß nichts schief geht, und dann braucht man irgend eine Stütze.«

Auch wenn schroff entgegengehalten wird:

Entweder – oder; entweder man betet immer oder gar nicht, jedenfalls nicht nur, wenn es schlecht geht.

Aber »beten dürfe nicht nur, wer sein Leben Christus anvertraut hat«, wird eingeworfen aus der jugendlichen Runde, sondern »weil Gott der Schöpfer

aller Menschen ist und Jesus für alle gestorben sei, darum dürften auch *alle* diesen Gott anrufen, wenn ihnen danch zu Mute ist«.
Und es wird der ebenfalls richtige Gedanke eingebracht, daß »anbeten« mehr ist als bitten und danken. Bei Anbetung schwinge Anerkennung, Verehrung und Lobpreis mit.
Auf Jesus wird verwiesen. Er habe sich in die Wüste oder auf einen Berg zum Beten zurückgezogen, um nicht abgelenkt zu sein; er habe gewarnt vor den Heuchlern, die auf den Plätzen und Gassen ihre Gebetsfrömmigkeit vor allen Leuten zeigten. Das Gebet solle wahr sein, ehrlich und ungeheuchelt, keine falsche Frömmelei nach außen hin, aber auch die Anpassung an den modernen Zeittrent wird abgelehnt:

- »Ich finde es schlimm, wenn einige hingehen, über Gott und Jesus lästern und in der Stille dann doch beten.«

Konsequent beobachten die jungen Leute ihre Wahrhaftigkeit und einer spricht aus, was viele denken:

- »Es gibt keinen, der nicht auch 'mal lügt.«

Darum bedürfe das wahre Gebet den Geist echter Reue. Nur das Bekenntnis der Schuld höre die Stimme Gottes im Geist, die dem menschlichen Geist die Vergebung so zuspricht, daß man wahrhaftig frei sich fühlt.
Der Geist der okkulten Praktiken des Herüberholens aus dem Jenseits sei trotz mancher scheinbaren Ähnlichkeiten nicht der Geist Gottes.

- »Gott ist Geist heißt, er ist wie der Wind nicht sichtbar, nicht greifbar, nicht tastbar, aber in seinen Wirkungen erfahrbar.«
- »Der Geist ist etwas, was wir nicht sehen, fühlen, riechen oder ertasten können. Wir sollen uns ja auch kein Bild von Gott machen. Wir können allerhöchstens seine Gnade erfahren (Geist der Abschiedsreden), dann muß man aber an ihn glauben, das heißt ihn also in seinem Geiste bei sich tragen.«

Zum Gottesdienst

Hans Reinhard Rapp

Theologisch-homiletische Skizze

»Der Geist weht, wo er will ...« – diese Pointe aus dem Gespräch Jesu mit Nikodemus (Kap 3,8) wird in der Szene am Brunnen von Sychar anschaulich. Der Geist als Energie des Glaubens wird plötzlich bei den Samaritern aktiv. Er kümmert sich nicht um die scheidende, schneidende Grenze, die die Samariter von den rechtgläubigen Juden trennt. Es ist eine Konfessionsgrenze, denn auch die Samariter sind Israeliten. Sie haben keinen anderen Gott als die Juden, aber sie beten ihn an auf dem Berg Garizim, nicht in Jerusalem. Sie haben keine andere Heilige Schrift als die Juden, aber sie erkennen nur die fünf Bücher Mose an. Die religiöse Nähe verbindet nicht, sondern spaltet. Tiefer noch reicht die ethnische Spaltung: Die Samariter gelten den Juden als »unrein«, sie sind »Mischlinge«, in deren Adern fremdländisches Blut fließt. Ein rechtgläubiger Jude würde lieber verdursten, als sich von einem Samariter einen Schluck Wasser reichen zu lassen, - und dann noch von einer Frau! Der Geist weht, wo er will. - Religion war Männersache. »Lieber verbrenne man die Worte des Gesetzes, als daß man sie die Weiber lehre«, sagten die Rabbinen und machten das Maß der Herabwürdigung voll: »Unterhalte dich nicht lange mit einem Weibe! Niemand soll sich auf der Straße mit einem Weibe unterhalten, nicht einmal mit der eigenen Ehefrau!« Aber Jesus setzt sich über solche von der Religion, vom Volkstum und von jahrhundertealter Feindschaft gesetzten Schranken hinweg. Er spricht mit einer samaritischen Frau über ein Kernthema aller Theologie, über die religiöse Wahrheitsfrage. »Du bist doch ein Prophet, du muß es doch wissen!«, sagt sie, »wo ist nun Gottes heilige Stätte? Bei uns auf dem Garizim oder bei euch in Jerusalem?« Allein das schon ist Ketzerei, so zu fragen. Der Rechtgläubige fragt nicht mehr, sondern hat auf jede Frage eine fertige Antwort. Zu eng ist die Frage mit dem Zweifel verwandt. »Meister, wir wissen ...«, so eröffnet Nikodemus, ein Oberster unter den Juden, das Gespräch mit Jesus (Kap. 3). Das erste Wort der Frau aber ist eine Frage: »Wieso bittest du als Jude mich, eine Samariterin, um Wasser?« Jesus geht auf ihre Fragen ein, freilich in einem Sinn, der zu dem typischen »johanneischen Mißverständnis« führt. Er sagt »lebendiges Wasser« und meint Gott. Er sagt »Quelle« und »Durst« und meint Geist und Wahrheit und Anbetung. Die Frau sagt »Quelle« und »Durst« und meint Quelle und Durst. Ist sie naiv? Nein, aber sie muß den schweren Wasserkrug auf dem Kopf nach Hause tragen. Darum denkt und fühlt sie irdisch und kann nicht so leicht ins Transzendente abheben wie die Männer, die den Frauen die schwere Hausarbeit zu überlassen pflegten. Der ausgewählte Predigttext Kap. 4,19-24 ist das Kernstück der Brunnenszene und ein wahrhaft pfingstliches Wort. Der Geist ist dem Wind (Kap 3,8) und dem Wasser vergleichbar, jenen Naturgrößen, die sich auch nicht eingrenzen lassen, sondern wehend, überschwemmend, ausufernd die vom Menschen gezogenen Schranken, Kanäle und Engführungen überwinden. - Ein Blick in die Predigtliteratur zeigt, wie mannigfaltig die Anregungen sind, die von diesem Text ausgehen. Der angebotene Entwurf möchte nirgends den Boden der Anschaulichkeit verlieren, zumal der Geist, wie ihn die Pfingstbotschaft versteht, niemals abstrakt ist. - Zur Terminologie: In der Literatur wechseln die Ausdrücke »Samaritaner« und »Samariter«. Im Anschluß an die Lutherübersetzung bleibe ich bei dem Ausdruck »Samariter«.

Vorschläge zur Liturgie

Während der erste Pfingstfeiertag uns den Geist vorstellt als brausenden Sturmwind, als Feuer, das sich unwiderstehlich ausbreitet und die Herzen entflammt, erscheint der Geist am zweiten Pfingsttag als belebendes, vielfach wirksames, im Stillen schöpferisches Element. In der Brunnenszene (Johannes 4) wird er mit dem Quellwasser, das aus der Tiefe strömt, in Beziehung gebracht. Dies sollte im liturgischen Ablauf stets im Vordergrund stehen. Daher:

Eingangslied

»O Lebensbrünnlein tief und groß ...« (EG 399) V. 1–4)

Gedanken zur Begrüßung

Die heutige Zeit hat den Geist wiederentdeckt. Der Materialismus, der nur gelten lassen wollte, was den Gesetzen der Physik und Chemie gehorcht, ist aus der Mode gekommen. Überall werden geistige Kräfte, Energiefelder und Strahlungen vermutet, die in uns und um uns am Werke sind. Diese Zeitströmungen kommen vielfach aus Asien. In der Medizin setzen manche Ärzte und noch mehr Patienten auf die Heilkraft geistiger Energie. Der Glaube an Fernheilungen nimmt zu und rückt bisweilen sogar nahe an magische Praktiken. - Vom Geist hören wir auch am Pfingstfest. »Ich glaube an den Heiligen Geist«, bekennt die Christenheit seit frühester Zeit. Der Heilige Geist ist Teil der Gottheit und bildet mit dem Vater und dem Sohn die Trinität, die Drei-Einigkeit. So verstehen wir in der Kirche den Geist. Und darum feiern wir auch diesen Gottesdienst im Namen des Vaters, des Sohnes und des Heiligen Geistes.

Eingangsgebet

Gott, Heiliger Geist! Komm zu uns mit deinen vielfältigen Gaben. Sei uns ein lebendiges Wasser, das die Dürstenden erquickt und verdorrtes Land neu ergrünen läßt. Sei uns wie der Wind, der weht, wo er will und der keine Grenzen kennt. Sei uns wie ein Licht, das uns den Weg zur Wahrheit zeigt und unseren Geist erleuchtet. Mit dem Vater und dem Sohn beten wir dich an und öffnen uns für dein Wirken. Amen.

Liedvorschläge

Das Wochenlied »Freut euch, ihr Christen alle ...« (EG 129) ist arm an Bildern. Besser paßt 103 EKG (»O Heilger Geist, kehr bei uns ein ...«) wegen der ausgeprägten Wassersymbolik (Vers 2,5,6). Als Hinführung zur Predigt eignet sich gut Lied EG 140, Vers 1–3 (»Brunn alles Heils, dich ehren wir ...«), während das verbal assoziierende »O komm, du Geist der Wahrheit ...« (136) wegen seiner ausgeprägten Militanz (Vers 2 und 3) vom Gespräch am Brunnen eher ablenkt.

Weitere Gebetesvorschläge

Liturg/in: Wir beten um den Geist der Liebe. – Liebe, – das heißt, daß wir Gott lieben aus ganzem Herzen und mit allen unseren Kräften.

Gemeinde:	Komm, heiliger Geist, entzünde in uns das Feuer deiner Liebe!
Liturg/in:	Liebe, – das heißt, daß wir auch einander lieben, so, wie Jesus uns geliebt hat.
Gemeinde:	Komm, Heiliger Geist, entzünde in uns das Feuer deiner Liebe!
Liturg/in:	Liebe, – das heißt auch, daß wir eins bleiben in der Gemeinde Jesu, in der Kirche, die auf der ganzen Erde lebt.
Gemeinde:	Komm, Heiliger Geist, entzünde in uns das Feuer deiner Liebe!«

(Aus dem katholischen Gesangbuch »Gotteslob«, S. 791)

Als *Einleitung zum Fürbittengebet* am Schluß des Gottesdienstes eignet sich die Psalmkollekte zu Psalm 36 aus dem Vorentwurf der erneuerten Lutherischen Agende (S. 459, Nr. 308):
»Gott und Vater, du bist die Quelle des Lebens. In Jesus Christus, deinem Sohn, haben wir das Leben und volles Genügen. Du läßt uns schöpfen aus deiner Fülle und sattwerden, satt und froh. Wir bitten dich: Mach unser Leben hell mit deinem Licht, nimm weg, was uns hindert, uns dir zu öffnen ...« (Es folgen Fürbitten im Rahmen der pfingstlichen Thematik, z. B. für die Einheit der Christen.)

Vorschlag zur Predigt

Die Entwürfe der Predigtliteratur zeigen eine Fülle von Einsatzmöglichkeiten, z. B. eine Besinnung über das Verhältnis von Christen und Juden in Anlehnung an Kap. 4,22. Auch feministische Akzente – Jesus im Dialog mit einer Frau – sind naheliegend. Die anschauliche Erzählung, die im Gegensatz zu anderen johanneischen Gesprächstexten nicht in einem langen Monolog Jesu endet, legt eine narrative Predigtform nahe, die sich eng an die Handlung anlehnt. Sie wechselt zwanglos mit meditativen Passagen.

Möglicher Anfang
»Sie seufzte nur, als es passiert war; was hätte auch alles Schelten genützt? Kinder sind lebhaft und vergessen beim Spiel, was ihnen die Erwachsenen schon eh und je gepredigt haben. So lag denn der Wasserkrug umgestoßen am Boden. Wenigstens war er heil geblieben, aber das kostbare Wasser versickerte im lehmigen Boden. Was half's? der Krug mußte frisch aufgefüllt werden. Die Frau legte sich einen Stützring aufs Haar, setzte den Krug auf den Kopf und verließ das Haus. Es war heller Mittag, die Sonne brannte mit voller Kraft, und der Weg zum Jakobsbrunnen war ohne Schatten. Sie würde jetzt niemanden antreffen am Brunnen, das war ihr gewiß.
Am Ziel angekommen, befestigt sie den Krug an einer langen, geflochtenen Schnur und läßt ihn vorsichtig hinab. In der Tiefe schimmert der Wasserspiegel. Der volle Krug ist schwer, aber das Quellwasser ist herrlich kühl

und frisch; kein Vergleich mit dem faden, abgestandenen Wasser aus den Zisternen. Sie will den Krug auf den Kopf setzen, da hört sie die Stimme. ›Gib mir einen Schluck zu trinken!‹ Jetzt entdeckt sie den Mann, der sich im Baumschatten ausruht. Sie mustert ihn rasch: Seine Kleidung, seine Haar- und Barttracht, seine Aussprache: Er kann nicht aus der Gegend sein. Ist er etwa ein Jude? Er muß ein Jude sein, aber ein Jude besonderer Art, denn er bittet eine Samariterin um Wasser ...«

Zum weiteren Verlauf

Die Predigt gliedert sich jetzt in drei Schwerpunkte, die aber nicht schematisch aufgezählt werden müssen. Sie lauten: Vom lebendigen Wasser - von der wahren Anbetung - vom Heiland der Welt.

Zu Teil 1: Wir schildern kurz, wie sich in der einfachen Geste des Darreichens und Annehmens der ganze Krampf des religiösen Argwohns, der politischen Feindschaft und der Angst vor dem anderen Geschlecht löst. Unbefangen erzählt der Fremde, daß seine Freunde in die Stadt zum Einkaufen gegangen sind, daß er selbst aber zu müde gewesen sei.

»Die Frau sagt: ›Ich habe Juden erlebt, die waren alle anders als du. Für euch sind wir doch unrein, vermischt mit Fremdvölkern! Kein Jude nimmt von einem Samariter ein Stück trocken Brot, und er würde lieber verdursten, als sich von einer Samariterin Wasser reichen zu lassen, von mir, - einer Frau!‹ Der Fremde nickt. Seine Antwort ist voller Geheimnisse. Vom lebendigen Wasser spricht er, das er geben kann und das den Durst in alle Ewigkeit löschen wird. Wer dieses Wasser trinkt, wird selbst zur Quelle, und diese Quelle mündet im Ewigen. ›Wovon redet er?‹ denkt die Frau. ›Er redet vom Wasser und von einer ewig sprudelnden Quelle, aber er meint doch etwas anderes!‹ Sie ahnt, daß er trotz seiner alltäglichen Begriffe auf eine höhere Ebene abhebt, und es reizt sie, ihn auf den Boden der Tatsachen zurückzuholen, auf dem ›Wasser‹ nichts anderes bedeutet als eben Wasser ...«

Exegetische Anmerkung: Wir hüten uns davor, der Frau das scheinbare Mißverstehen als hartnäckiges Verharren im »Uneigentlichen« anzukreiden, wie es die Bultmann-Schule tut. Es ist zutiefst ungerecht, wenn die Männer, die das Wasser nicht schleppen, das Essen nicht kochen und die Kinder nicht gebären und nähren müssen, vom Podest der »Eigentlichkeit« herunterblicken auf die zwar vergänglichen, aber doch lebensnotwendigen Verrichtungen, die so gern den Frauen überlassen werden. - Die ältere Exegetenschule hat in dem Dialog auch Elemente des Humors entdeckt, mit Recht, wie mir scheint. Zahn spricht von »Schalkhaftigkeit«; Bultmann kann davon nichts entdecken, - vgl. seinen Kommentar zur Stelle. Wir halten uns lieber an Zahn.

»Sie mustert den müden Wanderer, der so Großes verspricht. ›Unser Erzvater Jakob mußte lange graben, bis er auf Wasser stieß, und wir Frauen schleppen die schweren Krüge, bis uns der Kopf schmerzt‹, sagt sie, und dann - wo bleibt der Respekt und die Ehrfurcht vor dem Fremden, vor dem Mann - fügt sie leichten Sinnes hinzu: ›Bist du vielleicht mehr als unser

Vater Jakob? Gib mir doch von deinem Wunderwasser, dann kann ich mir in Zukunft den Weg durch die Hitze sparen!‹ Der Fremde läßt sich scheinbar gern auf ihren Tonfall ein. ›Geh nur nach Hause und hole deinen Mann‹, entgegnet er. ›Was soll das?‹ denkt sie und erwidert knapp: ›ich habe keinen Mann.‹ Das Gespräch droht peinlich zu werden ...«
Es ist wirklich eine befremdliche Passage. Die Frau wird, wie es im neudeutschen Fernsehjargon heißt, »ge-outet«, bloßgestellt in ihrem persönlichsten Bereich: »Fünf Männer hast du gehabt, und der jetzige ist nicht dein Mann!« Wenn wir diese Rede nicht symbolisch als Hindeutung auf die Fremdgötter der Samariter vestehen wollen, ist sie ein massiver Angriff auf die Ehre dieser Frau. Warum tut Jesus das? Weil an diesem Beispiel der nicht gestillte Hunger nach wahrem Leben deutlich wird, auch für die Frau. Wo der Moralist nur eine anstößige Lebensführung entdeckt, sieht Jesus das elementare Bedürfnis nach Liebe und einem erfüllten Leben, das nun freilich durch wechselnde Partnerschaften und den immer wieder probierten Griff nach dem Glück nicht gewonnen werden kann.

Zu Teil 2: »Von der wahren Anbetung«: Auch hier lösen wir uns von dem verbreiteten Rollenbild: Jesus - allwissend - ganz oben, die Frau - demütig, unwissend - ganz unten. Sie ist eine geschickte Gesprächspartnerin, indem sie Jesus zwar als Propheten anerkennt, ihn aber sogleich von ihrem persönlichen Bereich weg auf das eigentliche, angemessene Thema für einen Propheten lenkt: Auf die Gottesfrage.
Nun offenbart sich in einer einzigen Frage die tragische Kehrseite der Religion: Sie sollte verbinden, aber sie spaltet, grenzt ein und grenzt aus. Hier der heilige Berg - dort die heilige Stadt. Hier die Gerechten - dort die Sünder. Hier die Christen - dort die Juden. Die eine Menschheitsfamilie ist von tiefen Rissen durchzogen, und oft ist es die Religion, die diese Risse noch verstärkt. Hier die Weißen - dort die Schwarzen. Hier die Serben - dort die Kroaten. Bis in die Stämme, bis in die Familien setzen sich diese Risse fort. Berührungsangst, Versündigungsangst: Wie lange muß ich mich waschen, wenn ich einem von denen die Hand gegeben habe?
Es ist Jesus, der den wahren Sinn der Religion wiederherstellt: Er geht nach Samarien zu den Erzketzern, er spricht mit einer Frau, öffentlich, was sich nicht gehört. Er baut mit seinem eigenen Beispiel die Brücken über die Gräben, die entstanden sind aus Angst, Vorurteilen und Rechthaberei. Er macht Schluß mit der Aufspaltung des einen himmlischen Vaters in die Stammesgötter der Juden, der Samariter, der Moslems, der Christen. Wohl: Er erfindet keinen neuen Gott, sondern spricht vom Gott der Erzväter und Propheten: › ... das Heil kommt von den Juden‹, aber diesen Gott kann niemand für sich allein vereinnahmen. Er wirkt auch in Samarien, so wahr Jesus dort Glauben findet und sein Zeugnis angenommen wird. Kein Berg, keine Stadt, kein Tempel hält Gott fest, kein Begriff definiert ihn, kein Bild erfaßt ihn. Das ist der Gott, der im Geist und in der Wahrheit angebetet

wird, denn Geist und Wahrheit sind es, die die Grenzen der Sprache, der Herkunft, der Konfession und des sozialen Standes überwinden. Davon handelt ja die gesamte Pfingstgeschichte, die Geschichte von der Ausgießung des Heiligen Geistes ...

Zu Teil 3 und zum Abschluß: »Vom Heiland der Welt«, – was das heißt, zeigen wir wieder an den handelnden Personen der Brunnenszene. Jesus wird vom Fremden zum Gast, vom Feind zum Freund, vom Abweichler zum Vertrauten, der Glauben weckt. – Die Frau: An ihr und mit ihr geschieht, was sie scheinbar selbst nicht verstehen konnte. Wie hatte doch Jesus gesagt: Wer vom Wasser trinkt, das ich ihm gebe, wird selbst zur Quelle. Geben und Nehmen in der Stille des Mittags! Jesus nimmt das kühle Brunnenwasser aus der Hand der Frau und stillt seinen Durst, – genau das brauchte er in diesem Augenblick! Die Frau empfängt aus den Worten Jesu das Leben, nach dem sie gesucht hat, und nun wird sie selbst zur Quelle. Sie läßt ihren Krug stehen, läuft in die Stadt zurück und lädt ein: Kommt und seht. Und so finden die Samariter zur gleichen Quelle wie die Frau, das Wasser des Lebens fließt und breitet sich aus, es läßt wachsen und gedeihen, und die Wahrheit kann Wurzeln schlagen. ›Heiland der Welt‹ nennen sie Jesus. Das ist kein neuer Titel, sondern eine Erkenntnis: So wie ohne Wasser kein Leben möglich ist, so gibt es keinen Glauben, keine Hoffnung und keine Liebe ohne seinen Geist. Und wo immer dies erkannt wird, da ist Pfingsten!

Trinitatis

Annäherungen an den Predigttext
4. Mose 6,22–27

Barbara Berg

Sechs Teilnehmer eines normalerweise zwölf Personen zählenden Gesprächskreises, der sich seit vier Jahren monatlich trifft, haben das folgende Gespräch über 4. Mose 6,22–27 nach zweimaligem Vorlesen geführt. Es handelt sich um drei Frauen und drei Männer (ein Ehepaar), die selten den Gottesdienst besuchen, aber gerne an Diskussionen über »Gott und die Welt« teilnehmen.

Frau G: Der Segen ist mir der wichtigste Teil vom Gottesdienst.

Herr K: Der Segen vermittelt mir Geborgenheit.

Frau G: Ja, und Frieden, Sicherheit. Dieser Text ist der schönste vom Gottesdienst. Er strahlt Ruhe aus.

Frau F: Er ist wie ein guter Wunsch für die Hörer.

Frau A: Nur für Israeliten?! Wenn ich das höre, sind alle anderen ausgegrenzt.

Frau G: Im Glauben verstehe ich mich als Nachfolger der Israeliten.

Herr B: Mich wundert, daß die christliche Kirche diesen Text übernimmt, obwohl – er ist sehr schön. Ich wüßte gern, in welchem Zusammenhang er steht. War das vor oder nach dem Ärger ums goldene Kalb? Ist das jetzt die Phase des sanften Gottes?

Herr K: Wenn ich höre: »Der Herr lasse sein Angesicht leuchten über dir und sei dir gnädig«, dann habe ich das Gefühl, daß mir alle Schuld vergeben wird.

Frau A: Ja, als ob Gott mich freundlich ansieht.

Herr A: Mose hat doch auch die 10 Gebote von Gott überbracht. Hier begegnet der verzeihende Gott: Die andere Seite Gottes.

Herr A: Aaron und Söhne sind doch Verwandtschaft von Mose. Warum sollen *die* segnen?

Herr B: Das ist eben die Priesterclique!

Frau G: So etwas behält man doch gerne in der Verwandtschaft, so edle Prophezeiungen.

Herr B: Wissen ist Macht!

Impuls: Gibt es Einfälle zum ersten Segensteil?

Herr A: Segnen bedeutet doch auch Heilen. Der Heiland ist Teil des Segens Gottes.

Herr K: Mir fällt das Wort »absegnen« ein. Das bedeutet: Einen Schnitt machen, das »zu Segnende« gutheißen, auch wenn es mit Mängeln behaftet ist.

Frau A: Dahinter steht der Wunsch, daß alles gut verläuft.

Herr A: Segen mit Handauflegung fühle ich auch. Das hat für mich Heilfunktion.

Herr K: Die Handbewegung dabei ist wie Verteilen. Ich guck mir das immer an, wie der Pastor den Segen austeilt. Das ist wie Abstrahlen; die Strahlen werden verteilt.

Herr K: Ich höre auch: Eine neue Chance wird mir gegeben.

Impuls: Zweiter Segensteil wird nochmals verlesen.

Frau F: Der Herr lasse sein Angesicht leuchten: Da stelle ich mir ein göttliches Licht vor.

Frau A: Für mich hat Gott kein Gesicht in unserem Sinn.

Herr K: Wenn ich mir das konkret vorstelle, fällt mir gar nichts dazu ein!

Herr A: Was freundlich ist, erstrahlt hell: Sonne, Mond …

Frau G: Ich verbinde damit: Gott meint es freundlich mit mir und meinen Fehlern.

Herr A: Wo ist Gott? Neben mir? Nein, hier: Über mir. Man soll an einen übergeordneten Gott glauben. Das ist im Segen mit drin.

Herr K Ja, aber über-geordnet verstanden im Sinn von: »etwas Wichtigeres«. Gottes Denkweise soll sich auf mich übertragen.

Frau A: Dieser Segen ist für mich ein intensives Gebet des Pfarrers für die Gemeinde.

Impuls: Der dritte Segensteil wird nochmals verlesen.

Herr B: Wieso »hebe« sein Angesicht über dich und nicht »beuge«?

Herr K: Das ist für mich Hinweis auf die höhere Ordnung, die verschafft mir Frieden.

Frau A: Aber wieso »hebe«?

Frau G: Der dritte Segensteil sagt mir am wenigsten.

Herr K: Ich *hebe* eine Last. Ein Arbeitsprozeß ist damit beschrieben. Einer tut etwas für mich, einer macht sich die Mühe für mich persönlich. Der christliche Gott, von dem hofft man doch, daß er sich erbarmt, ich muß keine Opfer bringen …

Frau A: Eine besondere Zuwendung sehe ich darin.

Herr K: Ist das nur eine Metapher? Es gibt soviele Menschen, warum sieht Gott gerade mich? Ich hoffe ja, er macht sich die Mühe. Mein Verstand wird entlastet, das ist auch eine Art Segen. Wenn Gott mich segnet, bin ich entlastet, er soll sich die Mühe machen, um mich zu entlasten von innerem Unfrieden.

Es geht ja nur über den Vorgang der Entlastung, ändern an meiner Vergangenheit kann ich nichts.

Herr A: Unterworfensein drückt die Zeile auch für mich aus.

Herr A: Ich habe das Bild kirchlicher Priester vor Augen.

Frau A: Ich habe ein Bild von Wolken und die Sonne bricht hervor.

Herr K: Ich denke mir so etwas wie eine Nebelschwade, die alle erfassen soll, Nebel bei Windstille, also diese Ruhe soll alle erfassen.

Frau A: Mir fällt ein: Gott ist ein Auge. So hieß es mal in der Schule. Finde ich grauenhaft!

Herr A: Gott sieht mich ständig – das ist ein unangenehmes Gefühl.

Frau G: Mit dem dritten Segensteil kann ich wenig anfangen. »Beugen« wäre mir sympathisch, das würde Zuwendung bedeuten. »Erheben« ist majestätisch, das tun Könige …

Herr K: Hat Gott sich je gebeugt??

Herr A: Nur Jesus.

Frau A: Man beugt sich über Kinderwagen, über ein kleines Kind, lächelt es an, und es lächelt vielleicht zurück …

Frau G: Ich habe das Kreuz vor Augen: Christus, der alles überwunden hat, schaut auf mich, und er versteht mich.

Zum Gottesdienst

Anselm Friederich

Theologisch-homiletische Skizze

Der Text ist eine Einweisung in die Kunst des Segnens. Ursprünglich ist Segnen Gottes Sache. In der Bibel jedenfalls ist »das erste, was nach der Schöpfung vom Schöpfer gesagt wird, …, daß er seine Geschöpfe segnet« (C. Westermann, Nachwort zur 2. Auflage seines Buches »Der Segen in der Bibel und im Handeln der Kirche« 1992). Auch 4. Mose 6,22–27 macht deutlich, daß letztlich Gott die Quelle des Segens ist und bleibt: »Denn ihr sollt meinen Namen auf die Israeliten legen, daß *ich* sie segne.« (V. 27)
Der segnende Gott – es paßt gut, dieses Urbild vieler Religionen zu Beginn der »festlosen« Zeit des Kirchenjahres zu betrachten. Die meisten christlichen und jüdischen Feste feiern Gottes rettende Zuwendung, erlebt in bewegenden Geschichten, die erzählt und besungen werden. Neben der erlösenden Erinnerung daran, wie Gott in kritischen Zeiten Menschen gerettet hat, ist der Segen eine andere, eher stille Seite Gottes. Sie nimmt aber einen eigenen, unersetzlichen Raum im jüdisch-christlichen Glauben

ein. Westermann hat gezeigt, wie eine Theologie schief wird und verarmt, wenn sie die Segenslinie aus den Augen verliert: Sie nimmt z. B. nicht mehr wahr, daß zur Geschichte Gottes mit seinen Menschen auch so elementare Naturvorgänge wie das Spenden des Regens gehören. Sie fordert »Glauben« in Zusammenhängen, die gar nicht auf Glauben aufbauen (Westermann betont z. B., »daß im Alten Testament das Wort ›glauben‹ niemals im Zusammenhang des Redens von Schöpfer und Schöpfung begegnet« a. a. O., S. 19). Sie überdehnt bestimmte Begriffe, z. B. den der »Offenbarung«, bis zur Unsinnigkeit (ebd. S. 20).

Die lange Zeitspanne nach Pfingsten mit vielen Gottesdiensten, in denen kein herausragendes Geschehen gefeiert wird, zeigt in ihrer Weise, wie wichtig es ist, Gottes stilles, alltägliches Wirken nicht zu vergessen. Wo immer auf der Erde Lebewesen und Gemeinschaften wachsen, blühen und reifen, leiblich und seelisch, da wirkt Gottes Segenskraft. Dieses Vertrauen ist die Grundlage, auf welcher der Text aufbaut.

Die Empfindung dafür, daß dies nicht selbstverständlich ist, nimmt zu, je mehr Menschen bemerken, wie gefährdet unsere Lebensgrundlagen sind. Der Segen ist nicht nur einfach eine feierliche Abschlußzeremonie, er bedeutet viel mehr. Die gegenwärtige hohe Wertschätzung des aaronitischen Segens als Krönung des Gottesdienstes (wie sie gleich zu Beginn der »Annäherungen« ausgesprochen wird) entspricht genau der alttestamentlichen Einstellung: »Zweck des Kultes ist es überhaupt, der Gesellschaft und dem Einzelnen den Segen zu verschaffen.« (S. Mowinckel, Psalmenstudien V, 16, zitiert nach Westermann S. 38).

Der Text weist *Priester* in die Kunst des Segens ein. Das zeigt eine weit fortgeschrittene Entwicklung der altisraelitischen Segnungs-Praxis. Außerhalb des Gottesdienstes durfte in Israel schon immer jeder segnen. Jeder Vater und jede Mutter, jeder Mensch mit Autorität segnete, besonders beim Verabschieden. Ganz zu Anfang war Segnen Familiensache, später sah man im Volk den Empfänger des Segens. Dann – und an dieser Stelle steht unser Text – wird der Horizont noch weiter gesteckt: »die gottesdienstliche Segnung, auch wenn sie an die heilige Handlung gebunden und auf den Kreis der zu ihr Zusammenkommenden beschränkt ist, meint in Wirklichkeit die ganze Menschheit, und der Segen, der auf die zum heiligen Dienst zusammengekommene Gemeinde gelegt wird, ist der der ganzen Menschheit, ja, allem Lebendigen zugedachte Segen, wobei Segen im ursprünglichen Sinn die Lebenskraft meint.« (Westermann, S. 61)

»Lebenskraft« wird im alten Israel besonders auf drei Ebenen erlebt: a) Am (eigenen) Leibe, b) am Ertrag des Ackers, c) an der Vermehrung des Viehs. Segen wird also zunächst sehr kreatürlich, völlig diesseitig verstanden. Das Deuteronomium hat dieses irdische Wohlergehen ethisch vertieft und gebunden an den Gehorsam Gott gegenüber. Die Priesterschaft hat das Segensverständnis geistig erweitert (». . . und sei dir gnädig«). Aber auch der Predigttext bleibt in seiner Ausdrucksweise weitgehend leiblich. (Vielleicht ist das überhaupt eine große Chance, wenn wir heute uralte Segens-Texte hören und nachsprechen: Sie eröffnen eine tiefere religiöse Achtung des Leiblichen).

In ungenierter Menschlichkeit spricht der Text von Gottes »Angesicht«. »Das Angesicht eines Menschen läßt als ›Spiegel der Seele‹ (vgl. Sirach 13,25) auf seine seelische und physische Verfassung schließen, spiegelt daher seine Stimmung, Gesinnung und seinen Gesundheitszustand wider.« (v. d. Woude, Artikel »Panim« im Theol. Handwörterbuch z. Alten Testament, Bd. II, S. 437). »Ein fröhliches Herz macht das Angesicht heiter (Sprüche 15,13). Ein leuchtendes Angesicht ... meint die strahlend heitere Miene, die Wohlgesinntheit verbürgt und ganz konkret Leben und Glück für den bedeutet, dem sie gilt ...« (ebd., S. 438). Heiter, erfüllt von Sympathie, soll der Herr der Welt sein Angesicht leuchten lassen »über dir«, wie die Sonne leuchtet. Einladend und freundlich soll er seinen Geschöpfen begegnen, wie ein aufgeschlossener Mensch mit erhobenem Blick, d.h. unbelastet, ohne dunkle Hintergedanken. (Als Gegenbeispiel vgl. 1. Mose 4,15 f., wo der ergrimmte Kain seinen Blick senkt und trotz Zusprache nicht mehr frei erheben kann.)

An dieser Stelle scheint mir die Lutherübersetzung »Der Herr hebe sein Angesicht *über* dich« nicht glücklich: Es geht hier nicht um ein majestätisches Sich-Erheben des königlichen Gottes vor dem kleinen Menschen. »Hebe ... über« weckt unangemessene Assoziationen im Sinne von »überheblich«, kein Wunder, wenn dies Abwehr auslöst. Gemeint ist etwas anderes: »Im aaronitischen Segen ... meint ... ›das Angesicht erheben‹ ... liebendes Hinblicken und bezieht sich auf die göttliche Gewährung konkreter Heilsgüter« (v. d. Woude, S. 451). Ich schlage deshalb vor, mit Westermann (S. 45) zu übersetzen: Der Herr »erhebe sein Angesicht *auf* dich«.

Gott als persönliches Gegenüber zu erfahren, das ist gesegnetes Leben. Die betont menschliche Art des Textes, wie er vom Angesicht des segnenden Gottes spricht, schützt davor, das lebendige Gegenüber zu ihm zu verlieren, ihn z. B. nur noch als kosmische Energie oder als Gesetzmäßigkeit zu verstehen. Deshalb auch das persönliche »Du«, obwohl der Segen doch vielen gilt. (Pater Anselm Grün bezieht übrigens in seine Gebetspraxis das »Der Herr erhebe sich Angesicht auf dich« in aller Leiblichkeit ein. Er erzählte bei einem Treffen mit Heidelberger Studierenden, daß er seine Gebete damit beginne, sich hinzusetzen und nichts zu tun, als der Vorstellung Raum zu geben: »Gott schaut mich freundlich an.«)

Der Text steht im Zusammenhang mit der Einrichtung des israelitischen Gottesdienstes. Die christliche Kirche hat ihn in ihren Gottesdienst übernommen. Mit welchem Recht? Die Kirche kann sich auf das Neue Testament stützen. Es distanziert sich an keiner Stelle in irgendeinem Sinne vom Segen, wie ihn das AT versteht. Es gibt wohl spezifisch christliche Neuprägungen, z. B. Galater 3,8 f., wo die alte Segensverheißung an Abraham neu verknüpft wird mit dem von Christus eröffneten Glauben. Es gibt die interessante Formulierung »mit dem vollen Segen Christi« (»Ich hoffe, mit dem vollen Segen Christi zu kommen« kündigt Paulus seinen Besuch in Rom an; Römer 15,29), was zeigt, daß die frühen Christen sich mit Christus verbunden wußten »nicht nur ... im verkündigten Wort, im Akt der Sündenvergebung, im Akt des Rufes in die Nachfolge ..., sondern auch in seinem Segen, den er seiner Gemeinde hinterließ, in einem Bleiben, in einem Dabeisein alle Tage, also in einer stetigen, nicht ereignishaften Weise« (Westermann S. 87), die sie spürten, wenn ihre Gemeinden wuchsen und blühten. Es gibt aber auch Stellen im Neuen Testament, die vom Segen alttestamentlich erzählen: Jesus segnet Kinder (Markus 10,13 ff.), Jesus segnet Speisen (Lukas 9,16), Jesus segnet Freunde beim Abschied (Lukas 24,50 f.). Das geht bei den Jüngern weiter, denen Jesus in der Aussendungsrede einen wirksamen Segensgruß mitgibt (Matthäus 10,12 f.), das setzt sich bei Paulus fort, wenn er die römische Gemeinde ermahnt (Römer 12,14): »Segnet, die euch verfolgen; segnet und flucht nicht.«

Was ist neu im Neuen Testament, insofern es darin um Segen und Segnen geht? Zunächst fällt auf, daß irgendwelche besonders Beauftragte, z. B. Priesterkreise, im Zusammenhang mit dem Segen keine Rolle mehr spielen, jedenfalls nicht mehr erwähnt werden. Was außerkultisch auch im Alten Israel immer möglich war, scheint für die frühen Christen generell möglich geworden zu sein: Jeder und jede darf segnen. Außerdem geht das Neue Testament über die alttestamentliche Position an einer Stelle entscheidend hinaus: Der Segen wird nicht mehr beschränkt auf Gleichgesinnte, Befreundete und Verwandte. Der Andere, die Feinde, die man im Alten Testament noch verfluchen kann, werden nun einbezogen (s. das ebengenannte Pauluszitat). Der Fluch als Abwehr oder Rache scheidet aus. Beide Neuerungen haben offenbar das Erscheinungsbild der frühen Christenheit geprägt: In der »Schrift an Diognet«, entstanden vor dem 3. Jahrhundert, heißt es über die Christen: »Sie werden geschmäht – und sie segnen« (Kapitel 5, V. 15).

Im christlichen Gottesdienst steht nun der alttestamentliche Predigttext neben neutestamentlichen Lesungen. Die Epistel, Römer 11,32–36, singt von Gottes Tiefe und Reichtum: »Von ihm und durch ihn und zu ihm sind alle Dinge.« Da klingt viel an von der Segenskraft, mit der Gott seine Schöpfung wachsen, blühen und reifen läßt. Paulus' Vorbemerkung, Gott habe »alle eingeschlossen in den Ungehorsam, damit er sich aller erbarme« entspricht in schöner Weise dem weltweiten Horizont des aaronitischen Segens. Und die Nikodemus-Erzählung? Das Evangelium Johannes 3,1–8, kreist um Jesu Wort: »Ihr müßt von neuem geboren werden.« Manche Kirchenräume haben etwas mütterlich Bergendes, sind wie ein Schoß. Der gottesdienstliche Segen geschieht vor dem Verlassen des schützenden Kirchenraumes, vor dem neuen Eintritt in die Aufgaben und Gefahren, die draußen warten. Er läßt sich verstehen als »Neu-Geburts-Hilfe«.

Vorschläge zur Liturgie

Lieder

Die Nummern beziehen sich auf das 1994 erschienene neue »Evangelische Gesangbuch«, Stammausgabe

- »Aller Augen warten auf dich, Herre«, Nr. 461
- »Gott ist gegenwärtig«, Nr. 165
- »Bewahre uns Gott, behüte uns Gott«, Nr. 171
- »Komm Herr, segne uns, daß wir uns nicht trennen«, Nr. 170
- Kanon »Es segne und behüte dich«, Nr. 174
- »Gleich wie mich der Vater gesandt hat«, Nr. 260
- »Unsern Ausgang segne Gott«, Nr. 163
- »Alle guten Gaben«, Nr. 463
- »Gott gab uns Atem, damit wir leben«, Nr. 432
- »Die beste Zeit im Jahr ist mein«, Nr. 319

Gebete

Aus Psalm 145, dem Psalm des Sonntags, eignen sich als *Eingangsspruch:*

- V. 3–7 (oder ein Teil davon)
- V. 10–13a (oder ein Teil davon)
- V. 17 und 18, und natürlich besonders:
- V. 15 und 16.

Ebenso enthält der Psalm mehrere Verse, die als *Gnadenzusage* gesprochen werden können: Vers 8, Vers 9, Vers 14 und Vers 18 f.

Reizvoll ist auch ein Beten des Psalmes in zwei Gruppen:
Gruppe A spricht V. 1 und 2, V. 8 und 9, V. 13b–14, V. 17–20,
Gruppe B spricht V. 3–7, V. 10–13a, V. 15 und 16 und V. 21.

Zum Segnen als leisem, verborgenen Wirken Gottes paßt ein eher stilles *Eingangsgebet.* Sehr geeignet scheint mir ein Text aus J. Zinks Buch »Wie wir beten können« (S. 207), den ich ein wenig kürze und umstelle:
»Ich lasse mich Dir, Herr, und bitte Dich: Mach ein Ende aller Unrast. Meinen Willen lasse ich Dir, meine Gedanken und meine Pläne. Ich vertraue mich dem an, was Du mit mir vorhast, denn Du kennst mich. Meine Sorge um andere Menschen lasse ich Dir, meine Angst vor erdrückenden Problemen, meine Scham über manches, was ich nicht verantworten kann. Meine ungelösten Fragen, meine verkrampften Bemühungen, mein Anrennen gegen verschlossene Türen lasse ich Dir. Du wirst klären, Du wirst lösen und öffnen, wenn es Zeit ist. Meine Furcht vorm eigenen Versagen, vor Schuldigwerden und Schuldigbleiben lasse ich Dir. Ich brauche kein erfolgreicher Mensch zu sein, wenn ich ein gesegneter Mensch sein soll nach Deinem Willen. Ich lasse mich Dir, Herr, Deiner guten Hand, und rufe zu Dir, dankbar und bittend: Kyrie eleison …

Soll das Eröffnungsgebet stärker den Charakter eines *Sündenbekenntnisses* haben, könnte es in leichter Umarbeitung eines Textes aus dem Gottesdienstbuch »Jesus Christus, das Leben der Welt« (Genf, 1983), der 6. Vollversammlung des ÖRK in Vancouver so lauten:
Sprecher/Sprecherin I: »Schöpfer Gott, Du gabst uns das Geschenk des Lebens. Du hast uns gestellt auf diese Erde mit ihren Gesteinen und ihren Gewässern, mit ihren Blumen und Früchten, mit ihren lebendigen Geschöpfen voller Anmut und Schönheit. Du hast uns die Sorge für die Erde anvertraut. Wir aber müssen uns fragen lassen: Wer sind wir? Was haben wir getan? Was lassen wir zu? – Wir verbergen uns in tiefer Scham, denn wir stehen nackt und bloß vor Dir. Wir freveln an der Erde und berauben sie. Wir weigern uns, die Schätze der Erde zu teilen. Wir versuchen uns anzueignen, was nicht uns gehört, sondern Dir.«
Liturg/Liturgin: »Vergib uns, Gott, und versöhne uns mit Deiner Schöpfung.«
Sprecher/Sprecherin II: »Gott der Liebe, Du gabst uns das Geschenk der Völker, der Kulturen, Rassen und Farben, um einander zu achten, um füreinander zu sorgen, um das Leben miteinander zu teilen. Wir aber müssen uns fragen lassen: Wem sind wir Schwester und Bruder? In Scham und Furcht verbergen wir uns. Armut, Hunger, Haß und Krieg regieren die Welt. Die Flüchtlinge, die Unterdrückten und Mundtot-Gemachten schreien zu Dir.«
Liturg/Liturgin: »Vergib uns, Gott der Liebe, und versöhne uns mit Dir und untereinander.«
Sprecher/Sprecherin III: »Du Schöpfer und Gott der Liebe: Lehre uns, daß die Erde in ihrer ganzen Fülle Dein eigen ist, die Welt und die auf ihr wohnen.«
Liturg/Liturgin: »Wecke unsere Verantwortung dafür, das Geschenk des Lebens zu bewahren. Kyrie eleison ...«

Ebenfalls aus dem Gottesdienstbuch der Versammlung in Vancouver stammt ein Gebet, das mehrfach um Christi Liebe als Weg zur »Fülle Gottes« bittet. »Fülle« ist ein typisches Wort im Umfeld von Segen, der ganze Text kommt Paulus' Rede vom »vollen Segen Christi« (Römer 15,29) nahe. Er könnte das *Schlußgebet* bilden:
Liturg/Liturgin: »Laßt uns bitten, daß Christus in unseren Herzen wohne, daß wir Christi Liebe erfahren, die alles Wissen dieser Welt übersteigt, daß wir zur Fülle Gottes gelangen.«
Sprecher/Sprecherin I: »Glücklich sind die, die ihr Leben wie Pilger führen. Der Herr wird denen Gutes geben, die aufrichtig leben.«
Gemeinde: »Wir bitten, daß Christus in unseren Herzen wohne, daß wir Christi Liebe erfahren, die alles Wissen dieser Welt übersteigt, daß wir zur Fülle Gottes gelangen.«
Sprecher/Sprecherin II: »Folge den Geboten des Herrn, liebe ihn, geh seinen Weg. Wähle das Leben, damit du und deine Nachkommen Leben haben. Höre auf Gottes Stimme und halte fest an ihm.«

Gemeinde: »Wir bitten, daß Christus in unseren Herzen wohne, daß wir Christi Liebe erfahren, die alles Wissen dieser Welt übersteigt, daß wir zur Fülle Gottes gelangen.«
Sprecher/Sprecherin III: »Dein Licht wird hervorbrechen wie in der Morgendämmerung, deine Wunden werden bald geheilt sein. Du wirst um Hilfe rufen, und der Herr wird antworten. Er wird deine Kraft erneuern und du wirst wie eine Quelle sein, deren Strom nie versiegt.«
Gemeinde: »Wir bitten, daß Christus in unseren Herzen wohne, daß wir ... (s. o.)«
Sprecher/Sprecherin IV: »Bring frohe Botschaft den Armen, verkündige Freiheit den Unterdrückten, laß die Blinden wieder sehen, befreie die Gefangenen, verkünde ein gandenvolles Jahr des Herrn.«
Gemeinde: »Wir bitten, daß Christus in unseren Herzen wohne, ... (s. o.)«
Sprecher/Sprecherin V: »Sie werden von Osten und Westen, von Norden und Süden kommen, und sie werden zu Tische sitzen im Reiche Gottes.«
Gemeinde: »Wir bitten, daß Christus in unseren Herzen wohne, ... (s. o.)«

Soll im Gottesdienst die konkrete *Fürbitte* für bestimmte Personen, Gruppen oder Anliegen laut werden, so bietet sich das Bild des leuchtenden bzw. erhobenen Angesichts Gottes aus dem Predigttext auch als Grundmotiv beim Beten an. Etwa so:
»Quelle allen Lichtes, leuchte freundlich über uns! Scheine denen, die im Schatten sitzen und im Dunklen stehen, den Menschen, deren Würde verletzt wird ....
Auge der Liebe, blicke uns freundlich an! Schau denen ins Gesicht, die verbittert und hart in die Zukunft sehen, den Menschen, die ihre Arbeit verloren haben ....«

Vorschlag zur Predigt

Möglicher Anfang
Gott segnet; – daran hängt jedes Leben. Gott segnet die Erde, wenn sich Sonne und Regen so abwechseln, daß alles gut wächst. Gott segnet die Tiere, wenn sie Nahrung finden und Lebensraum, um sich auszubreiten. Gott segnet die Menschen, wenn sie Kinder bekommen, wenn sie fruchtbar leben, einander eine Freude sind und eine Stütze. Gott segnet, – das ist so natürlich, daß mans leicht übersieht. Weil Natürliches selbstverständlich scheint, achten wir nicht darauf.
Es tut uns aber gut, zu beachten, wovon wir leben. In Krisenzeiten macht man das instinktiv. Wenn der Regen ausbleibt, wenn der Friede zerbricht, dann fragt man sich automatisch: »Was ist los mit unseren Lebensgrundlagen? Wovon leben wir denn im Grunde?« Es ist wichtig, zu wissen, was uns trägt. Es ist wichtig, das immer wieder gesagt zu bekommen, nicht als Infor-

mation, sondern als Zuspruch, tröstlich und kräftig, stärkend und wirksam. Das geschieht beim Segen. Das gehört zu jedem Gottesdienst. Darauf läuft alles hinaus: Die Menschen sollen vom Gottesdienst fortgehen und spüren »Ich habe Gott auf meiner Seite. Ich gehöre zum Ganzen, das von Ihm ausgeht und zu Ihm zurückkehrt. Seine Kraft wirkt in mir«.
Der Segen am Schluß des Gottesdienstes ist eine Kostbartkeit. Unser Predigttext erzählt, wie Gott diese Kostbarkeit in menschliche Hände legt. Mose bekommt sie anvertraut, er soll sie weitergeben an Aaron und seine Söhne. Die sollen sie weitergeben an das Volk, jedesmal, bevor die Leute aufbrechen, um aus dem Gottesdienst zurückzugehen in den Alltag: »Der Herr segne dich und behüte dich.«

Zum weiteren Verlauf
An der eigentlichen Segensformel entlang gehend verweile ich als erstes bei dem Wort »dich« und deute es als Ausdruck personalen Gegenübers. Ich beschreibe eine typische Segenssituation, den Abschied; ich beobachte die Bindung Gottes an persönlich-menschlichen Zuspruch beim Segen. Dann deute ich die Ausdrücke »leuchtendes Antlitz« und »sein Angesicht erheben auf ...« als Bilder freundlicher Zuwendung Gottes. Einen Schritt über den Text hinaus gehe ich mit der Beobachtung, daß im Neuen Testament kein besonderes Priestergeschlecht erwähnt wird, dem das Segnen im Gottesdienst exklusiv zusteht. Segenspenden ist bei den Christen etwas, das jeder und jede kann und soll (jedenfalls scheint mir das für die Aufbruchsphase der frühen Christen zu gelten). Ich zitiere dazu Römer 12,14. Je nach Vertrautheit mit der Gemeinde kann ich mir an dieser Stelle relativ konkrete Fragen des Predigenden vorstellen: Wie üben wir denn unser »Priestertum aller Gläubigen« in Sachen Segen de facto aus? Trauen wir es uns zu? Wenn nicht, was hindert uns?

Möglicher Schluß
»Segnet und flucht nicht« - es ist noch ein Punkt zu nennen, an dem die Christen eine Veränderung wagten: Der Segen darf im christlichen Gottesdienst nicht mehr beschränkt werden auf Verwandte und Gleichgesinnte. Im Grunde hat schon der alte priesterliche Segen - so persönlich er formuliert ist - *alles* Lebendige im Blick. Aber das Alte Testament kennt doch den Fluch für die Feinde.
Die Christen sehen ein, daß ihnen das nicht mehr zusteht. Es ist uns verwehrt, Menschen zu verfluchen, denen doch Christi Liebe und Gottes Erbarmen genauso gilt wie uns selber. Es ist uns verwehrt, Menschen Leid und Verderben zu wünschen, über die Gott genau wie über uns regnen und die Sonne leuchten läßt. Es ist uns verwehrt, bestimmten Menschen nur Gottes Gericht zu wünschen, wo wir selber ständig von Seiner Barmherzigkeit leben. Im Geist Jesu zu leben und andere zu verfluchen, das paßt nicht zusammen.

Ist damit der Fluch endgültig erledigt? Oder bleibt ihm ein gewisses, untergeordnetes Recht? Rose Ausländer, eine jüdische Dichterin, erst vor wenigen Jahren gestorben, hat ein Gedicht hinterlassen, überschrieben mit dem Wort »Segnen«. Sie sagt:

»Ich möchte euch segnen
aber ich verfluche
eure Kriege
Siege und Niederlagen

und das Wort »Feind«
für ein Land
wo Millionen Menschen leben
wie in eurem Land

Ich segne die wenigen Friedfertigen
oder sind es viele und nur
Wenige machen Kriege, Krüppel
machen mich zum Feind
der Kriege

Ich segne jedes Land«

(aus: R. Ausländer, Ich höre das Herz des Oleanders. Gedichte 1977–1979. © S. Fischer Verlag GmbH, Frankfurt am Main 1984)

Amen

1. Sonntag nach Trinitatis

Annäherungen an den Predigttext Matthäus 9,35-38; 10,1,(2-4), 5-7

Klaus von Mering

In Ermangelung eines entsprechenden Bibel-Gesprächskreises - auf Langeoog besteht die »Gemeinde« im Wesentlichen aus ständig wechselnden Veranstaltungsteilnehmern (Urlauber, Kurgäste, Einheimische) - habe ich den Text öffentlich angelegt und um Stellungnahmen dazu gebeten. Dabei kamen u. a. folgende Aussagen zustande:

1. Zum Textganzen:
- »Die Aufforderung zu Hilfe, Barmherzigkeit und Nachfolge finde ich gut. Der Missionsbefehl bereitet mir Probleme.«
- »Ich finde den Text nicht sonderlich dramatisch. Ein interessanter Punkt wäre vielleicht, daß Jesus sich ›Helfershelfer‹ sucht, und zwar menschliche.«
- »Mir scheint, als wäre dieser Text nur in einem größeren Zusammenhang zu verstehen.«
- »Schön wärs, wenn die Jünger heute auch noch solche Vollmacht hätten... Aber wo sind die Christen, durch die Jesus so wirken kann, wie es hier steht??«

Es fällt offenbar schwer, den Text als Einheit zu lesen/verstehen. Vom ›Thema‹ des Sonntags her könnte man vielleicht als Leitgedanken formulieren: Die Entscheidung fällt jetzt, in der Begegnung mit Menschen, die mit Wort und Tat faktisch für Christus einstehen.

2. Zu einzelnen Aussagen:
- »Was sind böse Geister? Woher kommen sie? Habe ich als Behinderter automatisch einen bösen Geist in mir?«
- »War es üblich, in die Synagoge zu gehen und zu predigen?«
- »Sonst heilt Jesus nur Einzelne, jetzt plötzlich ›alle‹. Ist das ein Widerspruch?«
- »Warum sollen die Jünger nicht die Heiden missionieren, sondern die ›verlorenen Schafe‹ in den eigenen Reihen retten? Hängt das mit der Erwartung des nahen Endes zusammen: Zu mehr bleibt keine Zeit?«

- »Die Krankenheilungen sind wohl nicht so wörtlich zu nehmen?«
- »Wer sind die verlorenen Schafe aus dem Hause Israel? Worin unterscheiden sie sich z. B. von den Samaritern?«
- »Ich wünsche mir mal eine Klärung (nicht Erklärung) des Begriffs ›unreine Geister‹, einschließlich all dem, was so unter ›Exorzismus‹ läuft (die hier verübten Scheußlichkeiten nicht vergessen!).«
- »Lehrer und Arzt - gehörte das damals zusammen oder ist das eine Metapher?«
- »Wie verhält sich die Einschränkung an dieser Stelle (›nur zu den verlorenen Schafen aus dem Hause Israel‹) zu anderen biblischen Aussagen, z. B. dem Missionsbefehl Matth 28, 16ff.? Hat Jesus bei verschiedenen Gelegenheiten unterschiedliche Anweisungen gegeben? Oder spiegelt sich hier ein Meinungsstreit zwischen verschiedenen Gruppen in der frühen Kirche?«
- »Was konnte Jesus damals, was kann er heute?«
- »Jesus sagt nicht: Macht mit, tut mal etwas, sondern die Jünger sollen Gott um Arbeiter bitten. Vertrauen wir in Kirche und Diakonie heute noch auf diese Aussage?«
- »Sollten die Jünger tatsächlich im medizinischen Sinn heilen, oder sollten sie mehr über das Gesundheitsschädigende eines gottfernen Lebens aufklären?«
- »Es gibt Gruppen, die diesen Text sehr ernst nehmen und dabei fanatisch werden: Du *mußt* gesund werden/sein, sonst glaubst du nicht richtig. Wie ›perfekt‹ können/sollen Christen sein?«
- »Verschmachten - im körperlichen Sinn eine schreckliche Erfahrung! Kann man seelisch verschmachten, ohne ein bewußtes Bedürfnis nach dem zu verspüren, was einen retten würde? Wie fühlt man sich, wenn man geistig-seelisch verschmachtet?«
- »Was läßt den Hirten Hirte sein? Bekommen die Schafe durch ihn ihren Durst gestillt? Oder verhindert er, daß sie verschmachten?«
- »Ich persönlich wende mich bei Beschwerden aller Art zuerst an Jesus Christus, bevor ich zum Arzt gehe; und meistens ist ein Besuch dann überflüssig. Auf der andern Seite habe ich beobachten können, wie Menschen durch ihre Krankheit einen Reifungsprozeß durchgemacht haben, der sonst wahrscheinlich durch keine Predigt erreicht worden wäre.«
- »Ist das Himmelreich in dem bedrohlichen Sinne nahe wie ein kommender Hurrikan? Oder im tröstlichen Sinn wie die Hand des Vaters, wenn er dem erbrechenden Kind die Stirn hält? Hoffentlich beides!«
- »Was ist der Unterschied zwischen dem Prozeß der Heilung und dem Ergebnis der Heilung? Heißt geheilt sein, nicht behindert zu sein?«
- »Welche Bedeutung haben die Namen der 12 Jünger für uns in diesem Text? Es ist sicher etwas ganz Wesentliches damit gemeint, daß die zwölf Jünger namentlich aufgezählt werden.«

Dieser Text stellt offenbar lauter als mancher andere die Frage nach dem Stellenwert der Exegese in der Predigt. Es scheint mir kaum vorstellbar, über diesen Text zu predigen, ohne auf die vielen Verständnisfragen einzugehen. Auf der andern Seite ist Predigt etwas anderes als Erklärung biblischer (historischer, psychologischer, philologischer pp.) Einzelheiten. Mir scheint es deshalb ratsam, den Text für die Verlesung zu kürzen und die übrigen Teile nur inhaltlich anklingen zu lassen. Das bietet die Möglichkeit, einen thematischen Schwerpunkt zu setzen, in dem dann auch ein gewisses Maß von Texterklärung unterzubringen ist. Als Themenschwerpunkte bieten sich an:

a) Heil und Heilung - Text: Matth. 9, 35-38
b) Berufung und Auftrag - Text: Matth. 9, 37f + 10,1 (2-4)
c) Kirche und Welt - Text: Matth. 10, 5-7

3. Ich empfinde vor allem die Beiträge als weiterführend, die aus einer Gruppe von Behinderten stammen (s. o.). Sie helfen mir, den Zusammenhang von Heil und Heilung in meinem Erfahrungsfeld zu entdecken: Heil darf weder den Aspekt von Heilung vernachlässigen (s. die unfruchtbare Alternative vom ›Eigentlichen‹ im Unterschied zu ›bloßer Mitmenschlichkeit‹). Noch darf Heilung mechanistisch als Reparatur mißverstanden werden (s. Paulus: »Laß dir an meiner Gnade genügen; denn meine Kraft ist in den Schwachen mächtig!«). Entsprechend darf auch Glauben nicht im Modus des Perfekts beschrieben werden (»Wir sind zwar gerettet, doch auf Hoffnung. Die Hoffnung aber, die man sieht, ist nicht Hoffnung.« »Wir wandeln im Glauben, und nicht im Schauen«). Ein Glaube, der sich seines Gegenstandes und damit seiner selbst sicher ist, hat aufgehört, Glaube zu sein.

So entsprechen für mich die Einseitigkeiten und Verkürzungen innerhalb des Textes dem Heute der geforderten Entscheidung. In ihr ist alles da, aber nicht so, daß dadurch das Morgen zum »Ferner liefen« verkäme. Dem Menschen, der mir vor den Füßen liegt, in seiner körperlichen und/oder seelischen Not zu helfen, ist »alles«, was ich tun kann. Und doch habe ich damit, daß mir diese Hilfe vielleicht gelingt, für den morgigen Tag noch nichts »hinter mir«.

Zum Gottesdienst

Bernhard von Issendorff

Theologisch-homiletische Skizze

Zusammenfassung der Evangelisten sind theologisch deshalb interessant, weil sie den Autoren erlauben, selbständig, ohne durch eine Tradition eingeengt zu sein, ihre Theologie einzubringen, das gilt besonders für diese Perikope: Mit Vers 35 (er wiederholt Matthäus 4,23) rahmt und faßt Matthäus das bisherige Wirken Jesu zusammen: Lehre und Predigt beziehen sich auf die Bergpredigt (cap 5–7) und die Heilung aller Krankheiten und Gebrechen auf die Kapitel 8 und 9, die 10 Heilungen und eine Totenerweckung vereinen. Das Wort vom Mitleid Jesu mit dem Volk ohne Hirten, das bei Markus die wunderbare Brotvermehrung für die 5000 (das Abendmahl der judenchristlichen Gemeinde) einleitet, steht hier als Motiv für Jesu Leben und Wirken auf Erden. Das Q-Wort von der Ernte und die Bitte um Erntehelfer leitet hier die Berufung des Zwölfer-Kreises ein. Sie sind seine Erntehelfer. Ihre Aufgabe ist die Vertreibung der bösen Geister und dann mit denselben Worten wie in Vers 35 die Heilung aller Krankheiten und Gebrechen. Die Zwölf - also auch der nachösterliche Zwölferkreis - setzen das Werk Jesu auch in der Beschränkung auf Israel fort.
Es ist nicht gut, den Jüngerkatalog auszusparen, denn diese Zwölf sind als Repräsentanten der Gemeinde die Zusammenfassung der unterschiedlichen Kräfte der Christenheit, Zöllner ebenso wie Nationalisten, Getreue ebenso wie der Verräter.
Das verkündende und das heilende Werk Jesu und das der Urgemeinde gehören zusammen, wie die Ernte und der Anbruch des Himmelreiches. Die Zeit Jesu und der Schwung und das Selbstbewußtsein der Urgemeinde sind von unserer Zeit und der Resignation und der Weinerlichkeit in den Kirchen Deutschlands weit entfernt, doch sie gehören zusammen: Wir stehen immer noch vor derselben Ernte im Anbruch des Himmelreichs.

Vorschläge zur Liturgie

Der Wochenpsalm ist Psalm 34. Ihn möchte ich für die Liturgie vielfältig nutzen:
Kyrie (Psalm 34,1–9 als Anfrage):
Wie kann ich Gott allezeit loben,
    mein Mund ist leer - kein Lob des Herrn?
Wie kann sich meine Seele des Herrn rühmen,
    nichts bekommen die Elenden zu hören?
Wer würde mit mir preisen,
    wenn ich seinen Namen erhöhe, macht mich ihr Lachen nieder?

Habe ich den Herrn gesucht, hat er geantwortet,
hat er mich jemals aus der Furcht errettet?
Wer auf mich sieht,
der sieht nur meinen Zweifel.
Und die Zweifler fühlen sich bestätigt.
Wenn einer im Elend ruft,
wer vernimmt ihn?
Wer hilft ihm aus den Nöten?
Die Engel sind Goldpapier und ohne Leben,
und wer den Herrn fürchtet, fürchtet sich lächerlich zu machen.
Schmecken, fühlen, erfahren wollen wir dich,
wir wollen erleben, was es ist das Wohl des Vertrauens!

Gloria (Psalm 34,5+7+10):
Wenn ich den Herrn suche,
so antwortet er mir.
Wenn ich ihm das Elend schreie,
so hilft er mir heraus.
Wenn ich den Herrn fürchte,
so nennt er mich seinen Heiligen.

Kollektengebet (Psalm 34,2a)
Meine Seele sucht meinen Herrn,
voller Unruhe ist mein Leben,
voller Hast alle meine Handlungen,
unstet sind meine Ziele,
und doch sucht meine Seele Gott.
Es findet der Herr mich,
voller Geduld bist du mit mir,
voller Verzeihen all meiner Irrungen,
treu bist du in deinen Wegen geblieben,
gewiß doch: Du findest mich heute und morgen.
Meine Seele vergewissert sich des Herrn,
voller Zuversicht wird mein Herz,
voller Hoffnung all mein Handeln,
geliebt darf ich mich wissen,
gewiß darf sein, wer auf dich traut.

Vorschlag zur Predigt

Einleitung bis zur Verlesung des Predigttextes

Die Geschichte entwickelt sich nicht als klarer Fortschritt, aber auch nicht als eindeutiger Verfall. Geschichte entfaltet sich in Sprüngen, in Aufschwüngen und harten Landungen, im Höhenflug und in der Bruchlandung, im Aufbruch, im Gleichmaß und im Abbruch. Was haben die Gegensätze, die sich so hart im Raume stoßen, miteinander zu tun?

Wie gehören Jesu machtvolle Predigt, wie sein heilendes Handeln und sein ohnmächtiges Leiden und sein unheiliger Tod zusammen; wie gehören seine Zeit und die Zeit der Kirche zusammen, ja wie die Zeit der Jünger am Anfang und wie unsere Zeit, da die Kirche so alt aussieht, als sei sie am Ende?

Die Evangelisten hatten in der Fülle der Traditionen nicht viel Raum, solchen eigenen und gemeindlichen Fragen nachzugehen. Eine solche Gelegenheit nimmt Matthäus zum Abschluß der drei Kapitel Bergpredigt und zweier Heilungskapitel wahr:

Predigttextverlesung: Matthäus 9,35–10.7

Ausformulierter Anfang

Mit denselben Worten wird das Tun Jesu und der Anfang an die Jünger beschrieben. Lehren, predigen, heilen, so bei Jesus. Bei den Jüngern: Austreiben der unreinen Geister, heilen und predigen. Jesus predigt das Evangelium vom Reich und den Jüngern ist die Botschaft aufgetragen: Das Himmelreich ist nahe herbeigekommen.

Der Gemeinde wird zugemutet, das Werk Jesu fortzusetzen, ja zu vervielfältigen. Wer sind wir denn, daß wir uns solchen anmaßen können?...

Gedankenskizze zum weiteren Verlauf

Nun wird untersucht, ob der Zwölferkreis eine besondere Gruppe mit besonderen Qualitäten gewesen war. Es wird an die Schwächen und die Verleugnung Petri erinnert, es wird der Glaube des Thomas genannt, der ohne Beweise nicht auskommt, der Rangstreit unter den Jüngern wird erinnert und der Verrat des Judas. Der Zwölferkreis ist ein Kreis voller Schwächen. Es wird die Uneinheitlichkeit des Kreises dargestellt, Prominente und unbekannte Leute, extreme Positionen: der Zöllner und der Kanaanäer.

Ich erzähle von den Erfahrungen in Gemeinden, wo man im Kirchenvorstand eine Einheitlichkeit gewinnen wollte, solche Versuche sind den Gemeinden nicht gerecht geworden und deshalb stets gescheitert. Wichtiger aber ist, daß alle Versuche, selbst Heiligkeit zu gewinnen, gottlos sind. Ist Heiligkeit eine Qualität, die man selbst verdienen oder erwerben muß, dann wird die Gemeinde zum Abbild einer gnadenlosen weil gottlosen Gesellschaft. Ein Blick auf jene, die in unserer Leistungsgesellschaft nicht mehr mithalten können, ist möglich.

Nun wende ich mich der Austreibung der bösen Geister zu. Ich möchte diese alte Aussageform nicht herabsetzen, sondern sie vor allem mit jenen Krankheiten in Beziehung setzen, die in der Umweltzerstörung und im Streß ihre Ursache haben.

Natürlich haben Jesus und die Urgemeinde nicht alle Kranken geheilt, aber sie sind allen Krankheiten ohne Tabu entgegengetreten. Doch in unserer Zeit werden Krankheiten mit einem Tabu belegt, in dem der Kranke für schuldig an seiner Erkrankung erklärt wird. Ich erzähle, wie schwierig es ist, die Vorurteile gegen AIDS-Kranke abzubauen und wie wenig dies bei Alkohol- und Drogenkranken bisher in Angriff genommen ist.
Heißt Heilung immer Befreiung von der Krankheit? Mit dieser Frage will ich den Zeugnissen Behinderter und Langzeitkranker nachgehen, die gelernt haben, in ihrer Begrenzung in Würde zu leben. Sie sagen mir: »Die Begrenzung durch die Behinderung ermahnen die Menschen, gerade unsere Jugend und Schönheit anbetende Gesellschaft, daß alles Leben begrenzt ist.« Wenn die Medizin dem Menschen die Schmerzen nimmt, hat sie ein lohnendes Ziel erreicht, auch wenn sie die Krankheit nicht vertreiben kann.
Mit Jesus hat eine Bewegung zur Heilung der Menschen und der Welt begonnen. Doch auch der Beitrag anderer Religionen soll gewürdigt werden. Nennen will ich Yoga, Meditationen und die alternative chinesische Medizin. Wir können voneinander zum Wohle füreinander lernen. Dieses »Voneinanderlernen« war zur Zeit der Urgemeinde angesichts der Enderwartung noch nicht möglich. Die Zeitbedingtheit der Einschränkung Jesu und der Jünger auf Israel wird benannt werden müssen.
Doch sehr selbstkritisch müssen sich die Großkirchen fragen, warum man ihnen nicht mehr die heilende Kraft zutraut. Die Großkirchen eilen als ungefragte Helfer hinzu, sie antworten, obwohl sie noch gar nicht gefragt waren. Dabei sollen sie den Herrn der Ernte bitten, daß er Arbeiter in seine Ernte sende.

Ausformulierter Schluß

Gott wird sich die richtigen Erntearbeiter aussuchen, da dürfen wir sicher sein. Vielleicht gibt er uns auch eine Aufgabe. Möglicherweise wird seine Wahl ganz anders ausfallen, als wir sie uns vorgestellt haben. Er wird nicht unseren bürgerlichen Ansichten und unseren soziologischen Erkenntnissen folgen. Vielleicht übersehen schon heute unsere Augen, weil sie nur auf Erscheinungen achten, die unserer Prägung entsprechen, die mächtigen Anfänge des Reiches Gottes. Ich glaube nicht, daß unsere Schul- und Universitätsausbildung unsere Wahrnehmung dafür geschult und ausgebildet hat. Vielleicht ist das auch gar nicht möglich, weil diese Wirklichkeit – wie die Wirklichkeit Gottes überhaupt – ganz anders ist als unsere Erfahrung und Kenntnis von Wirklichkeit. Und dennoch ist mit Jesus das Reich Gottes erfahrbar geworden, und mit seinem Jüngerkreis ist diese Erfahrung vermittelbar geworden – auch wir dürfen uns darauf einlassen.

Kontext

Das Klagegebet gegen die falschen Erntearbeiter

Herr,
warum schicktest du uns die falschen Erntearbeiter,
die Ungefragten,
die die Schwerter mitbrachten statt der Sicheln
und den Morgenstern statt des Drehflegels,
die Handschellen statt der Traubenkiepe,
die unsere Sprache nicht sprachen
und die ihr Reich für das Deine hielten
und eine blutige Ernte einbrachten?
Herr,
warum schicktest du uns die falschen Erntearbeiter,
die Selbstgefälligen,
die unsere besten Felder umbrachen
und die für ihre Rinderherden beanspruchten,
die uns anspannten und selber zur Peitsche griffen,
die uns die Lieder verbaten
und unsern Kindern bei der Taufe ein Schuldkonto schenkten
und sagten, das diene uns zum Besten?
Herr,
warum sckicktest du uns die falschen Erntearbeiter,
die Humorlosen,
die nur Alles oder Nichts, Stumpf und Stiel kennen,
die die Weinstöcke ausreißen, um an die Trauben zu kommen,
und die all unsere Nußbäume fällten,
die uns verbaten, der Erde zu opfern
und einen Streifen ungemäht zu lassen,
die unsere Kinder in ihre Schule lockten
und uns weismachten, dies sei die letzte Gelegenheit?
Herr,
warum hast du uns die falschen Erntearbeiter geschickt.

2. Sonntag nach Trinitatis

Annäherungen an den Predigttext Jesaja 55,1-3b,(3c-5)

Bernhard von Issendorff

Die Annäherung wurde unternommen zusammen mit einer Gruppe junger Lehrkräfte unterschiedlicher Schultypen aus den Bundesländern Hessen und Rheinland-Pfalz. Diese Lehrerinnen und Lehrer sind zur Erteilung von evangelischer Religion bevollmächtigt worden.

1. Annäherung, spontane Äußerungen nach der gemeinsamen Lektüre:
- Was etwas kostet, ist nichts wert; was nichts kostet, ist von Wert. Bei uns heißt es aber so: Was nichts kostet, ist nichts wert.
- Wer kein Geld hat, soll kaufen, umsonst kaufen: Ist das Aufforderung zum Mundraub, zum Ladendiebstahl, ist das der Beginn der kommunistischen Gesellschaft? Dieser Text hat heute keine Chance.
- Es werden nur Grundbedürfnisse genannt: Wasser, Wein und Milch, Brot (Gutes und Köstliches) und dazu der ewige Bund.
- Wer darf eine solche Revolution ausrufen? Wer spricht hier? Spricht Gott, der Prophet, ein Politiker oder wer sonst?
- Und wer ist angesprochen? Angesprochen sind die alle, die jetzt noch ihr sauer verdientes Geld für Nichtiges ausgeben müssen; die aber leben sollen, wenn sie hören, die dann einen ewigen Bund und die beständigen Gnaden Davids haben werden, Zeugen der Völker, Fürsten und Gebieter, die die Heiden herbeirufen werden.
- Ein Trost wird denen gesagt, die ins Exil verschleppt wurden, eine Verheißung auf Leben, politische Selbständigkeit und neue weltpolitische Stellung. Die hat sich nur teilweise für Israel erfüllt. Für die Christen hat sich ein anderer Teil erfüllt. Das gemeinsame Problem ist die ausstehende und weiterhin ausstehende Erfüllung.
- Ich habe ein Problem mit der Wort »Heiden«, hebräisch meint das die Völker, das sind die mächtigen Staaten, die Israel unterdrücken. In Europa begann man mit der »Heidenmission« auf der Höhe der Macht und unterwarf die oft schwachen Völker Afrikas, Asiens. Mit dem Missionar kam der Schnapshändler und der Besatzungssoldat.

2. Annäherung durch biblische Erinnerung:

- Milch und Wein. Das ist wie eine Erinnerung an Milch und Honig. Das Land der Verheißung. Das Brot könnte an das Brot der Wüste, das Manna, erinnern.
- In der Offenbarung wird aufgefordert zum Wasser des Lebens zu kommen, das es »umsonst« gibt. Erinnert die Offenbarung an die Prophetie des Zweiten Jesaja.
- »Kommt her zu mir, die ihr mühselig und beladen seid, ich will euch erquicken.« (Mt 11,28)
- Es ist auch an die Speisung der 5000 zu denken, da gibt es auch den Hinweis, daß 200 Silbergroschen nicht ausreichen, um die Menschen zu sättigen. Ist das eine narrative Predigt zu der Jesajastelle?
- »Zeugen der Völker« und »Licht zu erleuchten die Heiden« (Lk 2,32) – auch das gehört zusammen.
- Auch die gemeinsame Anbetung Gottes durch Israel aber auch durch die Völker, die sich zum Zion rufen lassen, steht noch aus.

3. Annäherung durch Kontexte:

- Mir fällt der Besuch der alten Dame von Dürrenmatt ein. Da wird einem Dorf in der Schweiz das Ende aller Not verheißen, wenn sie auf die alte Dame und damit auf ihre Rachegelüste hören. Es ist oft eine Bedingung wie ein Pferdefuß verborgen. Welche Bedingungen stellt Gott für seine Verheißung?
- Müßte man nicht auch politische Utopien wie den Kommunismus nennen, da wird wirkliche Bedürfniserfüllung verheißen und alle anderen systeme als Täuschungen bezeichnet. Gefolgsleute, Genossen gelten als Zeichen und lebende Beweise, als Elite des Fortschritts.
- Mir fällt die Werbung ein, die häufig so wirbt: Wir erfüllen wirklich ihre Wünsche, warum wollen sie zu einem Produkt greifen, das weniger oder gar nichts leistet.
- Zu den Kontexten zählen auch die Erzählungen vom Schlaraffenland. Doch Schlaraffenland ist Utopia – Nichtort, während hier eine Verheißung in der Geschichte für die Geschichte gegeben wird.
- Zu den Kontexten gehören auch die oft schrecklichen Missionserzählungen aus dem Traktateschrank.

4. Runde: Mögliche Gegner

- Alle, die an dem gegenwärtigen Preis-Leistungsgefälle Gefallen und Gewinn haben, die gar nicht an wirklicher Bedürfniserfüllung Interesse haben.
- Die wirklichen und die politischen Drogenhändler.
- Die ihre Hoffnung auf Veränderung aufgegeben haben und ihre verinnerlichte Resignation zum Maßstab der Realität erhoben haben.

- Sicherlich auch alle, die sich immer ärgern, wenn von der besonderen Rolle Israels die Rede ist, alle, die meinen, die christliche Kirche sei im Besitz der Erfüllung aller Verheißung.
- Alle, die an die eigenen Legenden glauben und sich ihre eigenen Mythen nicht entzaubern lassen wollen.

Zum Gottesdienst

Klaus von Mering

Theologisch-homiletische Skizze

Die Themen der Trinitatissonntage spiegeln sowohl die Biografie des einzelnen Christen wie die Dramaturgie des Gottesdienstes: Auf die Zusammenfassung der Selbstoffenbarung Gottes in Jesus Christus am Dreifaltigkeitsfest folgt am 1. Sonntag danach der Ruf ins Heute – es geht im Glauben nicht um einen fernen Himmel, da oben oder irgendwann später, sondern um den Schritt, der jetzt gegangen wird! Der 2. Sonntag nach Trinitatis präzisiert diesen Ruf als Einladung an jede und jeden: Niemand muß fürchten oder kann hoffen, nicht gemeint zu sein, wie gewichtig und gesichert er/sie seine/ihre Existenz auch einschätzt. Der folgende (3.) Sonntag verdeutlicht allerdings, daß der drohende Unterton dieser Einladung (›hoj‹ in Vers 1 läßt sich vielleicht am ehesten mit ›Achtung!‹ übersetzen; vgl. Jesaja 18,1) nicht den Menschen gilt, sondern nur ihren falschen Maßstäben: Gott hat keinen Gefallen am Tod des Gottlosen (Hesekiel 18,23), sondern kommt den verlorenen Söhnen mit ausgebreiteten Armen entgegen (Lukas 15,20+28).
Vor diesem Hintergrund muß auch die Frage der Abgrenzung unseres Textes beantwortet werden, zumal grundsätzlich gilt: »Bei jeder sachgemäßen Verkündigung von Jesaja 55 hat man sich ... dem ganzen ... Kapitel zu stellen« (Hans Strauß in Gottesdienstpraxis V 4 1988 z. St.). Nicht literarkritische oder überlieferungsgeschichtliche Überlegungen sind hilfreich, sondern allenfalls homiletische, um zu entscheiden, ob man die Lesung des Predigttextes bei Vers 3b oder erst mit Vers 5 beendet. Wer, wie ich, der Meinung ist, daß das vorrangige Problem kirchlichen Redens heute nicht in erster Linie eine Frage des Produkts ist, das wir anbieten, sondern des Werbekonzepts für dieses Produkt, wird sich vielleicht in seiner Predigt eher dem Einfall des ›Jesaja‹ widmen, seine Predigt als »marktschreierisch nachgeahmte, ironisierende Anpreisung des totalen Ausverkaufs« (Strauß a.a.O.) zu stilisieren, als auf die theologisch interessanten messianischen Gedankengänge in den Versen 3c–5 einzugehen. Wer dagegen meint, den Text von seinen biblisch-systematischen Gewichten her auslegen zu müs-

sen, wird den zweiten Teil zum Ausgangspunkt wählen und den ganzen Abschnitt 1–5 vorlesen.
Die Entscheidung für das eine oder andere ist freilich weniger eine Frage der Gemeindestruktur, in der zu predigen ist, als eine der persönlichen Wahrnehmung unserer gesellschaftlichen und kirchlichen Situation und trägt damit gewiß subjekte Züge. Nicht zwischen Form und Inhalt steht eine Entscheidung an, sondern zwischen Bemühen um gelingende Kommunikation und Konzentration auf die reine Lehre. Die (nur fiktive?) Idee des Propheten, sich für sein Gotteswort einen Standort auf dem Jahr- oder Wochenmarkt zu suchen, spiegelt dabei, wie manche andere Passage gerade aus dem 2. und 3. Jesaja, die auffälligen Ähnlichkeiten zwischen der nachexilischen Lage Israels und unserer nachchristlichen Situation in Deutschland: Nicht ob man in seiner Bude ›ehrliche‹ Waren verkauft, während der Magier von nebenan den Leuten ein x für ein u vormacht, beschäftigt ›Jesaja‹, sondern ob die Menschen, die halb neugierig, halb gelangweilt zwischen den Auslagen entlangbummeln oder -hasten, überhaupt wissen, was sie suchen, und wahrnehmen, was ihnen fehlt.
Ein nicht geringer Teil nimmt wohl ganz bewußt das Risiko in Kauf, betrogen zu werden, weil die Überraschung, selbst die unangenehme, noch mehr ›Leben‹ zu bieten scheint als der tägliche Trott. Andere suchen zwar Wertbeständiges, meinen aber genau zu wissen, daß religiöse, insbesondere christliche Verpackungen derartiges nie und nimmer enthalten können. Dann gibt es Marktbesucher, die mehr zufällig vorbeikommen oder die ein ganz bestimmtes privates Ziel im Auge haben; für sie ist das Treiben auf dem Markt lediglich Kulisse. Wieder andere genießen das Ritual, das – scheinbar oder wirklich – ganz andere Verhalten – von Verkäufern und Kunden hier draußen gegenüber dem Kaufhaus oder dem seriösen Fachgeschäft in der Stadt; für sie ist der Markttag hauptsächlich ein Kulturereignis. Und zwischendrin sind vielleicht hier und da auch ein paar, die tatsächlich zum ersten Mal so einen Markt besuchen. Alles ist neu und spannend, aber eben in seiner gedrängten Fülle auch überwältigend, und die grellsten Farben und die lautesten Töne werden fälschlich für die wertvollsten Angebote gehalten.
Natürlich ist es in einer solchen gesellschaftlichen Situation nicht einfach beliebig, was Kirche sagt und veröffentlicht. Aber wer meint, solide Produkte fänden schließlich immer ihre Käufer, macht es sich genauso zu leicht wie jene, die zwar mit allen schreienden Tricks der Werbung auf sich aufmerksam machen, aber dann ihren ›Kunden‹ nur die längst vorgestanzten Wahrheiten überreichen. Es geht vielmehr darum, den schwierigen Balanceakt zu wagen, sich in das buntscheckige Bild der Marktverkäufer einzureihen und dann trotzdem nicht, wie sie alle, auf den Umsatz zu starren, sondern die Menschen zu sehen und das, was sie brauchen. Ich verstehe Jesaja 55,1–3 als Angebot und Herausforderung, mit der Gemeinde darüber nachzudenken, wie dieser Balanceakt zu erlernen und zu bewältigen ist.

Daß er harte, nicht zuletzt enorm selbstkritische Arbeit bedeutet, läßt das Bild bereits vermuten.

Vorschläge zur Liturgie

Eingangspsalm

Herr, deine Güte reicht, so weit der Himmel ist, und deine Wahrheit, so weit die Wolken gehen.

Zuverlässig wie Ebbe und Flut ist deine Gerechtigkeit/ und die Weite der Dünen atmet deine planvolle Ordnung.// Der Wind, der mir Kühle zufächelt, flüstert von deiner Freiheit/ und die Blüte, die mein Fuß verschont,/ wird zum Abbild deines Erbarmens.// Die Möwe, die an der Flutmarke ihre Nahrung findet,/ lebt wie ich von der Einladung an deinen Tisch,/ und der Strandhafer, der aus scheinbar trockenem Sand sein Wasser saugt,/ warnt mich, dem Flachsinn des Augenscheins zu trauen.// Die leeren Muschelschalen unter meinem Fuß murmeln von gezählten Tagen,/ und der warme Sand, den ich in die Hand nehme,/ rinnt mir unaufhaltsam durch die Finger.// Wie überwältigend ist deine Güte,/ die Menschen in der Beuge deines Armes Geborgenheit schenkt,/ und wie überraschend und mitreißend kann der Wind deines Geistes sein.

Herr, deine Güte reicht, so weit der Himmel ist, und deine Wahrheit, so weit die Wolken gehen.

(nach: Klaus v. Mering, Deine Güte reicht so weit ..., Quell Verlag Stuttgart 1990[2] S. 94 f., überarbeitete Fassung)

Kollektengebet

Gott, du weißt, wie sehr wir am Leben hängen und das Leben suchen. Hilf uns, daß wir nicht festhalten oder anstreben, was diesen Namen gar nicht verdient. Du bist die Quelle allen Lebens und schenkst dich jeder und jedem, die dich brauchen. Laß uns hören, wenn du uns rufst, und gehorchen, wenn du uns sendest. Durch Jesus Christus, unsern Herrn.

Lesungen

Anstelle der Epistel würde ich den Predigttext lesen, wenn möglich, eingeleitet durch ein kurzes *Präfamen,* etwa: »Mitten auf dem Jahrmarkt des Lebens erhebt der Prophet Jesaja seine Stimme und sucht das Ohr der Menschen zu öffnen für das Wort Gottes«.

Als *Evangelium:* Lukas 14,16–24

Lieder

Als Eingangslied »Herr, deine Güte reicht ...«, korrespondierend oder an Stelle des Eingangspsalms (Evang. Gesangbuch 277); oder »Tut mir auf die schöne Pforte ...« (EG 166) oder, wenn im Gottesdienst Abendmahl gefeiert wird, »Herr, du hast dich gern mit vielen Menschen an den Tisch gesetzt« von Detlev Block, vor allem folgende Strophen:

1. Herr, du hast dich gern mit vielen
Menschen an den Tisch gesetzt.
Wir bedenken und wir fühlen
deine Gegenwart auch jetzt.
Unsichtbar lädst du uns ein,
Gast an deinem Tisch zu sein.

2. Jeder, wer er sei, darf kommen,
daß er Teil an dir gewinnt.
Alle sind wir angenommen,
so wie wir gekommen sind:
froh und traurig, stark und schwach,
matt im Glauben oder wach.

3. Wenn wir nun das Brot uns reichen
und den Kelch, wie du es willst,
öffne uns darin das Zeichen,
daß du Durst und Hunger stillst
nach dem Leben, hier und dann,
das die Welt nicht geben kann.

9. Herr, wir möchten zu dir stehen
dankbar, fröhlich, unbeirrt,
was wir glauben, einmal sehen,
wenn dein Reich vollendet wird.
Zieh auch uns in deine Wahl
bei dem großen Abendmahl.

(Mel. EG 134)

(aus: Detlev Block, In deinen Schutz genommen – Geistliche Lieder, Vandenhoeck & Ruprecht, Göttingen 1984[3])

Als Hauptlied »Ich lobe dich von ganzer Seelen …« (EG 250, 1+2+(3)+5). Als Lied vor der Predigt, u. U. auch vor und zwischen den Artikeln des Credo.

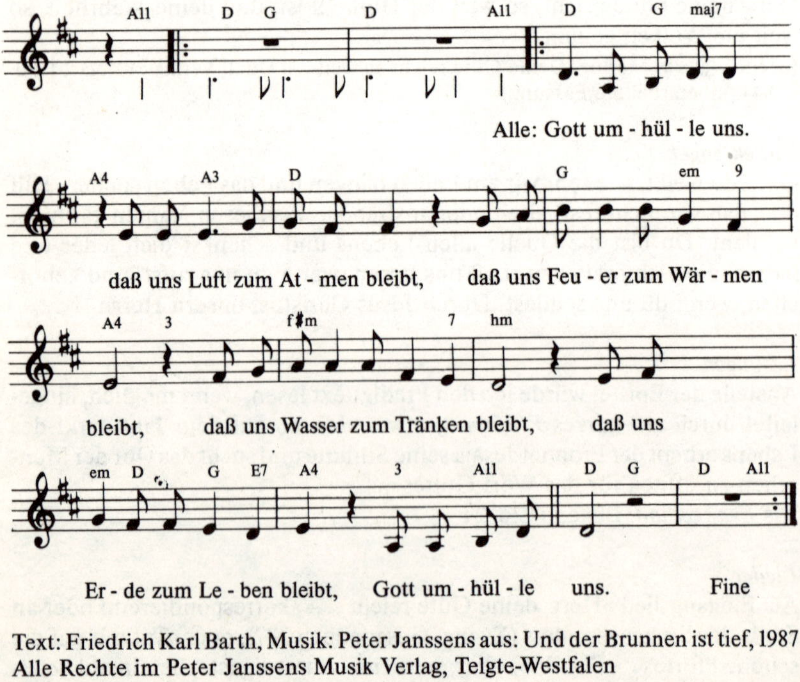

Text: Friedrich Karl Barth, Musik: Peter Janssens aus: Und der Brunnen ist tief, 1987

Lied nach der Predigt »Brich dem Hungrigen dein Brot ...« (DEKT 83 Nr. 668,1–5) oder »Komm in unsre stolze Welt...« (Evang. Gesangbuch 428, u. U. Mel. EG 526).

Gebet nach der Predigt

Brot, Herr! Unsere Not besteht nicht darin, daß nicht genug davon da wäre, auf unseren Tischen und auf unsern Altären. Unsere Not ist, daß wir keinen rechten Appetit verspüren, weder an den Tischen noch an den Altären. An unsern Tischen quält uns das schlechte Gewissen, weil wir nicht konsequent genug sind. Und an den Altären finden wir nicht zusammen, weil sich jeder hinter seinen Vorstellungen verschanzt. So sind die Fettsucht und die Überproduktion unter uns bedrängender geworden als der Hunger, in der Wirtschaft wie in der Kirche. Gott, hilf uns! Mach uns hungrig nach deiner Nähe, hungrig nach gerechter Gemeinschaft an deinem Tisch, hungrig nach neuen Wegen, Menschen zu helfen und sie zu dir einzuladen. Laß uns dem Brot auf unsern Tischen und dem Brot auf unsern Altären das Wunder zutrauen, daß es für alle reicht und alle erreicht. Und laß uns glaubwürdig leben und liebenswürdig glauben, damit wir deiner Einladung nicht im Wege stehen, die allen gilt – durch Jesus Christus. Amen.

Schlußgebet

Herr, unser Gott, dein Wort lädt uns ein, zu dir zu kommen mit unsern Zweifeln und unsern Hoffnungen, mit unsern Freuden und unsern Sorgen. Wir rufen zu dir:
Kyrie, Kyrie eleison!

(»Gesang aus Taizé« – Musik: J. Berthier, © Les Presses de Taizé. Deutsche Rechte: Christophorus-Verlag, Freiburg i. Br.)

Wir leben in Frieden und Wohlstand, die meisten von uns haben mehr, als sie brauchen. Aber wir erfahren auch täglich von Hunger und Armut, durch andere vermittelt oder mit eigenen Augen, von ungerechten Verhältnissen, von Gewalt und Blutvergießen. Störe uns, wenn wir uns leiten lassen von der Angst um unsere innere Ruhe, zeig uns den weiten Horizont deiner Verheißungen und hilf uns helfen. Wir rufen zu dir:
Kyrie eleison!

Wir haben Arbeit und Einkommen, wir können kaufen, was wir brauchen – und manches dazu. Bewahre uns davor, die Ängste und Selbstzweifel derer zu übersehen, für die das nicht zutrifft. Hilf uns, zusammenzustehen in dem Wissen, daß wir weder von unsern Bequemlichkeiten leben noch von unserer Selbstachtung. Laß uns behutsam umgehen mit den uns anvertrauten Gütern und geduldig mit den uns auferlegten Belastungen. Wir rufen zu dir:
Kyrie eleison!

Wir tragen Verantwortung durch unsere Art zu leben für viele Menschen, auch solche, die wir gar nicht kennen oder die noch gar nicht geboren sind: für ihre Gesundheit, ihre Lebenschancen, ihren Glauben. Schenke uns Einsicht und Mut, konsequenter zu sein im Eintreten für deine Schöpfung, auch da, wo uns das Unbequemlichkeiten abverlangt. Laß uns begreifen, daß der Weg zu dir nicht nur durch Menschen versperrt wird, die dich verschweigen, sondern auch durch solche, die dich auf der Zunge tragen, aber dann unter ihrem Gaspedal zerquetschen. Wir rufen zu dir:
Kyrie eleison!

Wir sind im Glauben verbunden zu deiner Kirche, über viele menschliche Grenzen und Unterschiede hinweg. Warum lassen wir das in unsern alltäglichen und politischen Entscheidungen oft nicht gelten? Warum sind wir so mißtrauisch und rechthaberisch, wenn wir Menschen begegnen, die anders sind und doch nicht weniger deine Kinder? Vergib uns unsere Schuld, unsere Enge und unsern Starrsinn. Stifte und stärke durch deine Einladung unsere geschwisterliche Gemeinschaft. Wir rufen zu dir:
Kyrie eleison!

(freie Bearbeitung einer Vorlage aus: Chr. Zippert, Neue Gottesdienstgebete, Gütersloher Verlagshaus, Gütersloh)

Vorschlag zur Predigt

Ehrlich gesagt, ich habe mich mehrere Tage mit diesem Text herumgeschlagen, ehe er anfing, zu mir zu sprechen. Die Schwierigkeit, die ich empfand, war, daß alles so klar schien: Gott lädt ein zum Leben, und was er uns schenken will, ist umsonst. Aber wir, die Eingeladenen, wollen das Leben lieber kaufen und merken nicht: Das ist ganz umsonst! Was wollte ich mehr in der Predigt, als dies weitersagen? Ist das nicht Evangelium pur?
Aber immer, wenn ich an dieser Stelle angekommen war, stockte mir der Atem (bzw. die Feder). Ich spürte, wie wir selber als Kirche diesem Evangelium im Weg stehen. Mir fielen Predigten und kirchliche Verlautbarungen ein, bei denen mich das starke Gefühl bedrängt hatte: Hier werden Waren angeboten, die mir keinen Appetit machen. Und zwar, entgegen den beschwörenden Behauptungen des Autors, nicht deshalb keinen Appetit

machen, weil ich für's Religiöse nichts übrig hätte und ein platter Materialist wäre, sondern deshalb, weil der Redner oder Schreiber da ständig Fragen beantworten wollte, die ich gar nicht gestellt hatte. »So geht es uns doch allen«, sagte der Prediger z. B. immer wieder, aber – so geht es mir gar nicht. Vielleicht bin ich für ihn nicht fromm genug, mag ja sein. Aber wenn das Evangelium doch allen gilt, wie er behauptet, dann müßte es mir doch auch gelten, so oder so – oder es ist gar nicht das Evangelium, zu dem er einlädt?

Im weiteren Verlauf
versuche ich als Ursache dieses Mißstandes ein zwiegesichtiges Übel herauszuarbeiten: Wir neigen als Verkündiger sehr leicht dazu, etwas als unverzichtbares Wasser des Lebens anzupreisen, ohne uns gründlich genug darüber Rechenschaft zu geben, ob es sich nicht doch nur um unsere Hausmarke handelt, an deren Geschmack wir so gewöhnt sind. Und: Wir haben in der Kirche oft zu viel Angst, das, was »nicht satt macht«, und die, die es vertreiben, beim Namen zu nennen, vermutlich, weil man sich schneller einige seiner treuen Hörer vergrault als neue dazuzugewinnen. Die Folge: Unser Reden vom Glauben und Leben der Christen wird pauschal und wässrig, die Einladung, die wir ausrichten wollen, verkommt zu jenen Werbesendungen, die einem versichern, daß man bereits einen »Hauptpreis« gewonnen habe, aber dann doch irgendwie die Kurve kriegen, uns mit unsern Erwartungen im Regen stehen zu lassen. Was wir demgegenüber brauchen, ist eine menschenfreundliche Frömmigkeit, die selbstkritisch genug ist, um den eigenen elementaren Lebenshunger nicht vorschnell irgendeinem Überich zu opfern, und biblisch genug fundiert, um sich nicht auf das Glatteis irgendwelcher Fundamentalismen oder sonstiger ideologischer Verhärtungen ziehen zu lassen. Die einladende Vielstimmigkeit des biblischen Zeugnisses, die ihre Glaubwürdigkeit eben dadurch bewährt, daß sie die Streitlust unterschiedlicher Tradition und Sichtweisen nicht unterdrückt, sondern ausdrücklich dokumentiert, ist für Menschen, die Erlösung als Befreiung ernstnehmen möchten, nach meiner Erfahrung viel anziehender als die ängstliche Heiligsprechung jedes auch noch so abseitigen biblischen Nebensatzes unter dem irreführenden Etikett einer Verbalinspiration. Wie sollen Dinge, die ich weder mit den Händen noch mit meinem Verstand zu begreifen versuchen darf, offenbar, weil sie sonst kaputtgehen – wie sollen solche Dinge für mein Leben wichtig werden? Sie müssen ja in der Zone einer düsteren Tabudrohung stehenbleiben und können auf die vielen Alltagssituationen, in denen ich meinen Verstand und meine Hände gebrauchen muß, keinen Einfluß haben.
Diese menschenfreundliche Frömmigkeit muß auch und vielleicht zuerst in unsern Predigten Platz greifen, und wie das geschehen kan, dafür zeichnet mir Jesaja mit seiner komischen Figur vom Marktschreier ein anregendes Bild, weil er viele Assoziationen freisetzt (s. o), ohne fertige Rezepte zu liefern. Ich höre die mahnende Stimme von Kollegen, Kirche dürfe keine

Anleihen bei der Werbewirtschaft machen, weil sie sonst in Gefahr geriete, daß man ihre Produkte mit denen der Konsumgüterindustrie verwechselte. Ist es denn besser, wenn immer mehr Menschen gar nicht darauf kommen, nach Kirche zu fragen, weil diese mit den öffentlichen Informationsflächen auch das Bewußtsein vieler Zeitgenossen geräumt hat? Andere kaschieren ihre Bequemlichkeit, sich diesem anstrengenden Konkurrenzkampf zu stellen, mit dem generösen Hinweis, man wolle nicht als unbescheiden gelten und so tun, als sei die eigene Arbeit erwähnenswerter als die anderer ›Schwestern und Brüder‹. Könnte die Wirkung nicht genau umgekehrt sein, daß sie andere ebenfalls zu mehr Öffentlichkeitsarbeit ermutigt und herausfordert und so einem drohenden Personenkult gerade entgegenwirkt?

Möglicher Schluß
Bei all dem sollten wir allerdings nicht übersehen: Angesprochen sind die, »die kein Geld haben«, aber sich offenbar nicht trauen, umsonst zu nehmen, sondern sich stattdessen an anderen Ständen lieber von Kredithaien einwickeln lassen. Es geht also nicht darum, daß die Menschen ihr Geld lieber der Kirche geben, statt es für sinnlose Dinge zu verschleudern. Das Entweder-Oder von geistlichen oder materiellen Werten ist ein ganz unbiblischer Gedanke. Gottes Schalom ist immer auch erfülltes Leben, glückliches Leben im ganz diesseitigen, irdischen Sinn. Aber damit ist Leiden nicht grundsätzlich ausgeschlossen; denn die Liebe als eigentlicher Mittelpunkt des Glücks verzichtet auf die gewaltsame Durchsetzung ihrer Ziele – und das bedeutet Leiden an der Unerlöstheit aller gewaltbedingten Strukturen und ihren alltäglichen Auswirkungen. Immer wieder wird es uns passieren, daß man uns ausnutzt und mißbraucht, und sei es nur, indem man sich über uns lustig macht. Sich dagegen zu sichern, indem man die Einladung Gottes nur so ausrichtet, daß die ausschließlich von den ›Richtigen‹ gehört wird – das würde die Botschaft in ihrer Substanz verfälschen. Der beste Weg, die kostbaren, aber kostenlosen Gaben Gottes andern zugänglich zu machen, ist wohl immer noch der, selbst so gut man kann danach zu leben. Wenn wir als Kirche und als einzelne Christen unser eigenes Tun zum Zollstock unseres Redens machten, wären wir sicher ein gutes Stück weiter in dem Bemühen, verständlich und einladend zu predigen und vom Glauben zu sprechen.

Kontexte

Zum Maggid von Kosnitz kam einst ein reicher Mann. »Was pflegst du zu essen?« fragte der Maggid. »Ich führe mich bescheiden«, sagt der reiche Mann, »Brot mit Salz und ein Trunk Wasser sind mir genug.« »Was fällt euch ein!« schalt ihn der Maggid. »Braten sollt ihr essen, und Met sollt ihr trinken wie alle reichen Leute!« Und er ließ den Mann nicht gehen, bevor er ihm versprochen hatte, es fortan so zu halten.

Nachher fragten die Chassidim nach dem Grund der wunderlichen Rede. »Erst wenn er Fleisch ist«, antwortete er, »wird er wissen, daß der Arme Brot braucht. Solang er Brot ißt, meint er, der Arme könne Steine essen.«
(Martin Buber, Die Erzählungen der Chassidim, Manesse Verlag, Zürich 1949)

Wer zur Quelle gehen kann, der gehe nicht zum Krug. Leonardo da Vinci
(aus: Einblick - Ausblicke, AG Missionar. Dienste S. 18)

Einen aufschlußreichen Test unternahm kürzlich ein englischer Journalist: Er kaufte ein Dreipfundbrot und stellte sich damit an belebte Straßenecken verschiedener Städte. Die Vorübergehenden forderte er auf, für dieses Brot eine Stunde lang zu arbeiten. Seine Ergebnisse:
Im Hamburg wurde er ausgelacht.
In New York von der Polizei festgenommen.
Im afrikanischen Nigeria waren mehrere Personen bereit, für dieses Brot drei Stunden zu arbeiten.
Im indischen New Delhi hatten sich rasch mehrere hundert Personen angesammelt, die alle für dieses Brot einen ganzen Tag arbeiten wollten ...
(Der Wert des Brotes, aus: Pfarrbrief Materialdienst »image«, Bergmoser + Höller, Aachen)

3. Sonntag nach Trinitatis

Annäherungen an den Predigttext Lukas 19,1-10

Anselm Friederich

Einer Gruppe von sechs Studentinnen und vier Studenten lese ich die Zachäus-Erzählung vor und frage: »Was löst diese Geschichte in Euch aus? Wie berührt sie Euch? Was interessiert Euch, wenn Ihr dazu eine Predigt hört?«

Erste spontane Reaktion: »Schon als du anfingst mit Vorlesen dacht ich: O, das kennt man ja! Eine Elementar-Geschichte, die bei der Kirche so fest dazu gehört, wie das Dach zum Haus. Erinnerungen an Schulunterricht werden wach. Schon so oft habe ich das gehört, was soll da eine Predigt Neues bringen? Wenn eine Predigt darüber mich ansprechen soll, muß sie sehr originell sein; diese hohe Erwartung habe ich an sie.«
Zwei Bilder haben sich eingeprägt: Der kleine Mann im Baum und das Essen am Ende. Ist der Baum für Zachäus nur Ausguck oder auch Versteck? Das Kindliche an Zachäus' Baumbesteigung spricht eine Studentin an. Auch die gemeinsame Mahlzeit ist einladend, aber: »Was bedeutet es für Jesus, sich zu *so jemanden* an den Tisch zu setzen?«
Informationswünsche werden laut: »Wie sieht ein Maulbeerbaum denn aus? Hat er eine weite oder eine buschige Krone? Hat der Maulbeerbaum auch symbolische Bedeutung?«
»Wie sah die Lebenssituation der Zolleinnehmer aus? Diese Spannung zwischen Geldhaben und Mächtigsein einerseits und Gefürchtetsein, Gemiedenwerden (wie ein ansteckender Kranker!) andererseits: Was steckt historisch dahinter? Welche Rolle spielt die Zusammenarbeit mit der Besatzungsmacht?«
Die Gestalt des Zachäus lockt einige dazu, sich mit ihm zu identifizieren: »Warum bloß will er Jesus unbedingt sehen?« »Was hat es für ihn bedeutet, von anderen mehr zu nehmen als ihm zustand?«
Einer Studentin ist diese Frage so wichtig, daß sie genau das gründlich in der Predigt entfaltet haben möchte. »Sein Leben so zu führen, daß man ständig von anderen mehr nimmt, als einem zusteht - das gibt's doch auf vielen Ebenen. Immer wieder erhebt sich die Frage: Wo nehme ich mehr als ich gebe? Schlimmer noch: Wo gebe ich gar nichts, kann vielleicht gar nicht geben?«

In diesem Rahmen sieht sie die Begegnung Jesus - Zachäus: »Er hat ihn fähig gemacht, geben zu können!«
Ein Student meldet inneren Widerstand an: Zachäus ist ihm ein Ärgernis, denn er ist reich geworden durch Ausbeutung anderer. Das kann er nicht auf die Seite schieben! Es bleibt anstößig, wie sich Jesus - der selber keine wirtschaftliche Macht ausgeübt hat - auf so eine Gestalt offen zubewegt. In den murrenden Leuten von Jericho hat der Student »Verbündete«, die ihn darin bestärken, mit seinem Ärger nicht hinterm Busch zu halten: »Mich stört diese Zuwendung zu diesem Ausbeuter. Ich muß mir das ausdrücklich *sagen* lassen. Ich muß mir sagen lassen, daß Jesus auch den Zachäus liebt.«
Andere sind von den Murrern unangenehm berührt: »Sie erinnern mich an die Szene von betenden Pharisäer: Ich danke dir, daß ich nicht bin wie der da ...« (vgl. Lk. 18,9-14)
Auch die Gestalt Jesu reizt zum Sich-Einfühlen: »Was liegt ihm an Zachäus? Weiß er, bei wem er sich einlädt? Was liegt ihm an dem gemeinsamen Essen?« (Eine Frage, bei der ein lebhafter Austausch beginnt über lustlos-einsames Vor-Sich-Hinlöffeln in einer lauten, vollen Universitätsmensa ...)
Doch vor allem die Frage: »Wieso sagt Jesus: *ich muß?* Was zwingt ihn? Was drängt ihn so, daß er nicht anders kann?«
Eine stille Gesprächsteilnehmerin bringt noch einen anderen Ansatzpunkt ins Spiel: Sie möchte die ganze Erzählung von Gott her verstehen. Für ihr Empfinden ist der entscheidende Punkt die Umkehr des Zachäus. »Das hat er nicht selber gemacht. Das hat Gott in ihm gewirkt.« Davon will sie in der Predigt hören. Von dem Gott, der sich »über einen Sünder, der Buße tut, mehr freut als über 99 Gerechte, die der Buße nicht bedürfen.« (Lk. 15,7)

Zum Gottesdienst

Arbeitskreis Gottesdienst der St. Jürgen-Gemeinde Lübeck

Theologisch-homiletische Skizze

Der hohe Bekanntheitsgrad der Zachäus-Geschichte ist die eine Schwierigkeit, die dieser Text bereitet. Die andere liegt in der »Zuwendung« Jesu zu dem Zöllner »ohne alle Vorleistung«.
Der Text gehört innerhalb des Lukas-Evangeliums zu dem Abschnitt der Wanderung Jesu nach Jerusalem (9,51-19,27). Er erscheint nur bei Lukas. Es bietet bevorzugte Aspekte dieses Evangelisten: die Suche nach dem Verlorenen (s. die Gleichnisse in Kapitel 15), die Zuwendung zu Sünderinnen

und Sündern (s. z. B. 7,36–50) und Aussagen zum Besitz (s. Der reiche Kornbauer, 12,16–21). Der von ihm vorgefundenen Geschichte fügt er als Fazit Vers 10 hinzu, in dem er die Motive des Suchens und Rettens hervorhebt. Ob Vers 8 von ihm stammt, ist umstritten. Schweizer argumentiert einleuchtend, daß Kenntnisse des jüdischen Rechts hier vorausgesetzt zu sein scheinen und der Vers wohl schon vor Lukas hinzugefügt wurde. »Ihm (Lukas) liegt auch am praktischen Vollzug im Alltag. (...)
Schwerlich hat er aber neben V. 10 von sich aus V. 8 gebildet und V. 9 in seinem Sinn verändert. Im Griechischen ist die Stellung von »meines« unlukanisch (...) – die Geschichte ist mit ihren vielen »und« bis in die Form hinein unlukanisch, freilich von ihm stilistisch bearbeitet.« (NTD Deutsch, Eduard Schweizer, Das Evangelium nach Lukas, Göttingen 1986, S. 193).
Der Text berührt die sozial-ökonomischen Bedingungen der Zeit. Der Frieden des Römischen Weltreichs war für den Handel, den Export günstig. Römische und einheimische Machteliten profitierten hiervon auch in Palästina. Andererseits verarmten große Teile der Bevölkerung vor allem wegen Steuerschulden (vgl. Gerd Theißen, Soziologie der Jesusbewegung, München 1978, S. 42–46).
Der Ausdruck »›ZöllnerInnen, SünderInnen und Prostituierte‹ beschreibt (...) nicht einfach eine moralisch anstößige Gruppe, sondern vielmehr eine Klasse von Menschen, die in so großer Not lebt, daß sie, nur um zu überleben, »unehrenhafte« Berufe ausüben mußten. Wegen Lukas 19 haben wir zwar die Vorstellung, Zöllner seien »reich«, doch die meisten ZöllnerInnen, die die Arbeit tatsächlich taten und die Zölle einzogen, waren Verarmte oder SklavInnen, die von einem »Zollbüro« angestellt und, sobald Probleme auftauchten, sofort entlassen wurden. Palästina war einem sehr starken unterdrückerischen Steuersystem unterworfen. Römische Steuerbeauftragte erhoben als direkte Steuern Warensteuer und Brücken- und Wegzoll; Angestellte der hohepriesterlichen Aristokratie Jerusalems trieben als ihren direkten Anteil an der Ernte den Zehnten ein und ließen damit nur mehr wenig für die Priester und Leviten auf dem Land übrig; indirekte Steuern, Import- und Exportsteuern und Steuern auf alle Erzeugnisse und Mieten in Jerusalem wurden an den Meistbietenden verpachtet. Da Gebühren und Brücken- und Wegezölle selbst dann kassiert werden konnten, wenn eine Person lediglich von einem Dorf ins Nachbardorf ging, war die Belästigung durch ZöllnerInnen nicht nur ärgerlich, sondern auch sehr teuer, besonders auch deshalb, weil die ZolleintreiberInnen mehr als die offiziellen Gebühren einnehmen mußten, wenn sie genug für ihren Lebensunterhalt verdienen wollten.« (Elisabeth Schüssler Fiorenza, Zu ihrem Gedächtnis, München, Grünewald-Verlag Mainz 1988, S. 173).
Zachäus nun gehörte zu denjenigen, die vom System profitierten. Er war in der Lage, die Pachtsumme für eine von den Einnahmen her äußerst attraktiven Zollstelle wie derjenigen Jerichos aufzubringen. Jericho war Knotenpunkt verschiedener Straßen und lag an der Grenze zur Provinz Judäa. Die

Zusammenarbeit mit der römischen Besatzungsmacht zahlte sich für ihn aus. Bei ihm ging es nicht wie bei vielen angestellten Zöllnern ums Überleben, sondern bereits um Profit. Er war ein Kollaborateur mit der Macht. Daß sich bei ihm ein Wandel anbahnte, zeigt seine Idee, auf einen Maulbeerbaum zu klettern. Die dichtbelaubte Krone bot sich als Versteck an, aber er ging schon das Risiko ein, sich bei einer Entdeckung lächerlich zu machen. Diese »Grenzsituation« ließ Jesus mit seinem »eilends«, mit seinem »heute muß ich in deinem Haus bleiben« überschreiten hin zu einer Tischgemeinschaft der Gleichgestellten. Die Situation duldete keinen Aufschub - enthielt sie doch die Gefahr des Zurückkehrens in die Rolle des Kollaborateurs. »Das Leben Jesu (kann) am besten durch seine Unmittelbarkeit charakterisiert werden, durch einen sein Dasein beherrschenden Sinn für die Gegenwart. (...) Es gibt kein Gefühl des Aufschubs und kein Zaudern, kein laßt uns warten und sehen und kein ›laßt uns andere Alternativen überdenken.‹« (Carter Heyward, Und sie rührte sein Kleid an, Kreuz-Verlag Stuttgart 1986, S. 98 f.).
Zur Predigt: Der Text wird oft durch eine Brille der paulinischen oder auch lutherischen Rechtfertigungstheologie gelesen. Von der bedingungslosen Annahme ist dann die Rede, der die »Früchte« folgen. Hier ist Vorsicht geboten. Der hebräische Kontext, dem die Geschichte ursprünglich entstammt, akzentuiert anders. Das Bild der Tischgemeinschaft *ist* ein Bild für die Tischgemeinschaft der Gleichgestellten im Reich Gottes. Da *ist* Betrug aneinander unmöglich. Das Heil, das dem Hause widerfahren ist, meint Eingebundensein in die Gemeinschaft *und* gemeinschaftstreues Handeln zu dem selbstredend der gerechte Umgang mit Besitz gehört. Hier ist als Selbstverständlichkeit eine Gleichgewichtigkeit vorausgesetzt, wo unser Denken zur Verordnung neigt: bedingungslose Annahme - dann Taten. Dieses Denken hat aber auch zu der Meinung geführt, wir müßten stets einem einzigen Schema folgen: bedingungslos annehmen, verzeihen. Das hat aber beim Thema Kollaboration oft dazu beigetragen, daß Verantwortlichkeit und Machtgewohnheiten verschleiert, vertuscht, nicht benannt wurden. Deswegen erscheint es sinnvoll, den Text einmal so zu predigen: Tischgemeinschaft ist das Bild für die Gleichgestellten im Reich Gottes, zu dem alle eingeladen sind. Die Zachäus-Geschichte zeigt *eine* konkrete Situation, *einen* Weg, auf dem Kollaborateure mit Machtsystemen gewinnen können, durch unmittelbares Eingehen auf einen »Grenzgänger«. Es gibt auch andere Situationen, in denen andere Wege nötig sind - zuweilen auch sehr unbequeme. Sie können im klaren Benennen der Taten bestehen, auch im Ausgrenzen und in Sanktionen. *Nicht immer* ist also der Weg dieser Geschichte sinnvoll. *Ziel* aber ist *immer* das Eingehenkönnen in die Tischgemeinschaft.
Dieses Ziel macht nachdenklich und sensibel für die Wahl des jeweiligen Weges. Es signalisiert, daß harte Wege Mittel sind, nicht mehr und nicht weniger. Es warnt vor Verhärtungen. Die Predigt kann unter Ausmalen die-

ses Ziels zum Mitbedenken verschiedener Wege einladen. Um in die Thematik einzuführen, bietet sich bei einer so bekannten Geschichte ein Kunstgriff an: die Frau des Zachäus einzuführen und aus ihrer Sicht der Mit-Betroffenen erzählen und problematisieren lassen.

Vorschläge zur Liturgie

Begrüßung
Im Namen des dreieinigen Gottes möchte ich sie herzlich zu diesem Gottesdienst begrüßen. Mit einem irischen Morgensegen wollen wir darum bitten, neu und überraschend hören und sehen zu können. Wir bitten mit ihm um Erneuerung von Herz, Verstand und allen Sinnen.

Ich lege an
Gottes Kraft als mein Steuer,
Gottes Macht als meine Stütze,
Gottes Weisheit als meinen Weg,
Gottes Auge als mein Sehen,
Gottes Ohr als mein Hören,
Gottes Wort als meine Sprache,
Gottes Hand als meinen Schutz,
Gottes Weg als meine Zukunft.
(Wolfgang Poeplau (Hg.), Wir träumen die Lieder, Peter Hammer-Verlag, Wuppertal)

Eingangsgebet
Gott,
wir haben manchmal erfahren,
wie Du altbekannte Worte neu hören läßt,
wie du vertraute Bilder wieder lebendig und farbig vor uns erstehen läßt.
Du locktest uns heraus, heraus
aus Eingefahrenem und Routine.
Wir bitten Dich:
Laß uns dies auch heute erleben
durch deinen schöpferischen Geist.
Amen.

Credo
Geist,
befreiender, Tiefer Atem,
du erhältst unser Leben
durch beflügelte Schritte,
durch erwachende Sinne,
alle Tage neu –
auf dich hoffen wir.

Jesus,
gottbegabter Mensch
du teilst unser Leben
in Freude und Lachen,
in Fragen und Angst
bis zum letzten –
durch dich vertrauen wir.

Gott,
nährende, erhaltende Macht,
du trägst unser Leben
jeden Tag
neu,
jetzt und immerfort –
an dich glauben wir.
(Heidi Rosenstock/Hanne Köhler, Du Gott, Freundin der Menschen, Kreuz Verlag, Stuttgart 1991)

Lesungen
Psalm 103, 1–11;
Lukas 15,1–10

Lieder
EG 289,1+4: Nun lob mein Seel
EG 295,1–4: Wohl denen, die da wandeln
Neue Lieder entnommen aus: tvd-Liederhefte: Mein Liederbuch für heute und morgen (= I) und Mein Liederbuch 2, Ökumene heute (= II):
Suchen und fragen (II, B 127)
Wende das Böse (I, B 24)
Wenn uns das Leben lebendig macht (I, B 91)
Selig seid ihr (I, B 97)

Schlußgebet
Laß mich jeden Tag meine Worte an deiner Richtigkeit messen,
jeden Tag laß mich deine Mäßigung zeigen, o Gott.
Laß mich jeden Tag meine Worte mit deiner Weisheit messen,
jeden Tag, jede Nacht laß mich im Frieden leben mit dir.
Jeden Tag laß mich den Ursprung deiner Gnade ergründen,
laß mich jeden Tag achtgeben auf dein schützendes Recht.
Jeden Tag laß mich dir ein Lied dichten,
laß mich jeden Tag zu deinem Lob spielen, o Gott.
Laß mich jeden Tag dir meine Zuneigung schenken, o Jesus,
und jede Nacht laß mich das gleiche tun.

Jeden Tag, jede Nacht, im Dunkeln und Licht,
laß mich preisen, wie gut du mir bist, o mein Gott.
(M. Wester, Einübung ins Glück in Irland entdeckt, Burckhardthaus-Laetare Verlag Offenbach/M., S. 19)

Segen
Daß ich Gott immer im Kopf habe,
in allem, wie ich's verstehe:
Er wohne in meinen Augen
und in der Art, wie ich sehe.
Gott sei mir immer im Munde
und in dem, was ich sage.
Gott sei mir im Herzen,
wonach immer ich frage.
Gott stehe für mich am Ende,
wenn ich mich von euch wende.
(Wester, o. a. O., S. 55)

Vorschlag zur Predigt

Möglicher Predigtanfang
Eigentlich, so sagte sie sich, war das zu erwarten gewesen. Wie oft hat er in der letzten Zeit davon angefangen, und wir haben darüber gesprochen. Was ich dazu sage, wollte er jedesmal wissen. Und jetzt ist alles ganz schnell vergangen. Ausgerechnet bei uns, im Hause des Oberzöllners von Jericho, im Haus des Zachäus, wollte dieser Jesus zu Gast sein. Gab es nicht genügend andere Leute in der Stadt, die sich über diesen Besuch gefreut hätten? Nun ja, einiges wird sich bei uns ändern, mit dem schönen Leben ist es vorbei. Wir werden uns einschränken müssen. Da stellt sich mein Mann hin und sagt: Die Hälfte von meinem Besitz gebe ich dem Armen, und wenn ich jemanden betrogen habe, so gebe ich es vierfach zurück. Die werden natürlich aufpassen, ob er sein Wort hält. Peinlich genau werden sie uns beobachten. Aber es muß ihn umgehauen haben, daß Jesus sich gerade bei uns einlud. Jetzt oder nie, wird mein Mann sich gesagt haben, diese Gelegenheit bekommst du nicht noch einmal. Aber berührt hat es mich auch, als alle sich zum Essen niederließen. Es war anders als sonst bei den Einladungen, die wir hin und wieder gaben. Es war zu spüren, was diese alte Vorstellung von Tischgemeinschaft eigentlich meint: daß nämlich alle dazugehören. Auch wir waren nicht mehr ausgeschlossen, nicht mehr Kollaborateure mit der Besatzungsmacht, die gemeinsame Sache mit den Römern machten und so zu Reichtum gekommen waren. Was ich dazu sage, hatte mein Mann immer wissen wollen. Nun hat er Tatsachen geschaffen. Aber wer das eine will, der kann sich nicht mit symbolischen Akten begnügen, der muß Taten folgen lassen, und die haben dann auch mit Geld zu tun.

Zwischenschritte

- Charakterisierung der Stellung des Zachäus als Kollaborateur.
- Die Tischgemeinschaft im Hause des Zachäus ist ein Bild für eine Gemeinschaft von Gleichgestellten. Es sind Menschen, die in gegenseitiger Achtung miteinander verbunden sind. Solidarität miteinander ist selbstverständlich. Gelöstheit liegt über der Szene. Es sind Menschen, »denen Heil widerfahren ist«. Sie gehören zusammen als Volk Gottes. Sie praktizieren gemeinschaftliches, solidarisches Verhalten. »Das Heil betrifft nicht nur die Seele, sondern die ganze Person in ihren sozialen Beziehungen.« (Lucia Scherzberg, Sünde und Gnade in der feministischen Theologie, Grünewald-Verlag Mainz 1991, S. 83)
- In diese Gemeinschaft führen unterschiedliche Wege. *Ein* Weg ist das schnelle Reagieren bei jemandem, der sich der Gemeinschaft annähert. Wie Zachäus durch sein ausgefallenes, wenn auch noch tastendes Verhalten, indem er auf den Baum klettert. Jesus verhilft ihm durch seine dringlichen Appelle zum »Grenzübertritt«. Nicht immer ist dieser Weg möglich und sinnvoll. Zum Beispiel dann nicht, wenn der Kollaborateur mit der Macht sich nicht erreichen läßt. Oder wenn zu befürchten ist, daß das spontane Aufihnzugehen von ihm ausgenutzt wird, indem er auf der Folie der angeblichen Wohlanständigkeit weiter oder nun noch rücksichtsloser ausbeutet. Hier brauchen wir Phantasie für andere Wege.
- Ein anderer Weg kann der Boykott sein. Boykott derer, die ihre Wirtschaftsinteressen durch Zusammenarbeit mit dem Apartheitsregime in Südafrika förderten, hat mit dazu beigetragen, daß hier ein Staat Schritte unternimmt hin zu dem Bild der Gemeinschaft Gleichgestellter.
- Ein anderer Weg noch ist die Nichtbeachtung und Ausgrenzung des Kollaborateurs. Kleinere ökologische Gruppen haben sich manchmal auf keine Argumentationen und Diskussionen mehr eingelassen. Sie taten unbeirrt das, was sie als richtig erkannten. Ihr konsequentes Durchhalten verschaffte ihnen Sympathisantinnen und Sympathisanten. Zunächst nur, um der drohenden Isolation zu entgehen, gingen dann »Kollaborateure« Schritte der Annäherung, die manchmal zu neuen Bildern der Gemeinschaft führten.
- Noch ein Weg kann das klare Benennen der Verantwortlichkeit sein, weil Kollaboration unter dem Deckmantel des Schweigens sich nur allzu schnell ausweitet und verfestigt. So ein Weg findet sich zum Beispiel in der Benennung von Reiseunternehmen, die mit Sex-Tourismus in asiatische Staaten werben.
- (Übergang): All diesen verschiedenen Wegen ist eines gemeinsam: das Ziel des Eingehens zu der heilvollen Tischgemeinschaft. Dieses Ziel schafft Phantasie und Scharfsinnigkeit für den jeweils angemessenen Weg.

Mögliches Predigtende
Es gehört schon Mut dazu, sich auf das Problem der Kollaboration einzulassen. Es gibt keine Patentrezepte. Die handeln wollen, müssen sich auf einen der Wege wagen. Jeder einzelne birgt seine Risiken. So zum Beispiel, wenn wir den Weg der Ausgrenzung als Mittel wählen. Es ist keine leichte Aufgabe, denn es ist wichtig, den richtigen Zeitpunkt zu wählen, dem Ausgegrenzten Hilfestellung zu geben, damit wir die angestrebte Wirkung bei dem Kollaborateur erreichen. Das Bild der einladenden Tischgemeinschaft ist hier wegweisend. Es hilft Mut zu entwickeln für auch harte Wege und Rückschläge und warnt durch seinen einladenden Charakter vor Verhärtung.

Kontexte

- Vorschläge für eine Aktualisierung der Zachäus-Geschichte.
  Und wie sieht es heute aus? Zu erzählen wäre von einer Frau, die vielleicht einen deutschen Namen trägt. Sie ist verheiratet, und ihr Mann ist nach einer zügigen Karriere in der Führungsetage eines großen Unternehmens tätig. Es geht ihnen gut, sie haben alles und können sich alles leisten. Die gesellschaftlichen Verpflichtungen ihres Mannes langweilen sie oft, aber heraushalten kann sie sich auch nicht. Immerhin ist sie auf diese Weise sehr viel herumgekommen und mit vielen Menschen zusammengetroffen. Die Geschäfte ihres Mannes interessieren sie nur wenig. Sie kennt inzwischen seine Argumente: Wir müssen expandieren, besser sein als andere, neue Märkte erobern, ohne Wirtschaft läuft überhaupt nichts., Dann war ihr ein Bericht von amnesty international in die Hände gefallen mit einer Aufstellung der Länder, in denen es Menschenrechtsverletzungen gab. Ihr Mann war gerade von einer Reise aus zwei dieser Länder zurückgekommen. Sollte sie ihn darauf ansprechen, ob das Unternehmen und auch er selbst dazu bereit waren, Verträge, die Gewinn bedeuten, mit Ländern abzuschließen, in denen den Menschen elementare Rechte versagt blieben? Aber kannte sie nicht seine Antwort? Er würde auf die Gefährdung von Arbeitsplätzen verweisen, auf die ohnehin schon hohe Arbeitslosenzahl. Vor allem würde er fragen: Und wovon willst du dann leben? Willst du, daß wir einfach aufgeben, was ich aufgebaut habe? Konnte sie ihm vorwerfen, eiskalt nur die Interessen der Wirtschaft zu vertreten, wenn sie selber Angst davor hatte, auf einiges zu verzichten und jeden Hundertmarkschein zweimal umdrehen?
- Wenn die Möglichkeit besteht, könnte es bei einem so bekannten Text wie diesem sinnvoll sein, mit einem Anspiel vor der Predigt zu beginnen. Es thematisiert dann das, was der Monolog der Frau des Zachäus inhaltlich vermittelt. Ein Anspiel - ein Gespräch zwischen der Frau des Zachäus und einer Bekannten - vermag das Geschehen lebendig und vielschichtig reflektieren.
- Die Phantasie für den jeweils angemessenen Weg des Umgangs mit Kollaboration läßt sich ausführlicher begründen und ausführen als in dem jetzigen Predigtvorschlag. Dazu gute Anregungen in: Dorothee Sölle, Phantasie und Gehorsam, Kreuz-Verlag Stuttgart 1968[3], besonders Kapitel 10.

4. Sonntag nach Trinitatis

Annäherungen an den Predigttext Johannes 8,3–11

Hans Reinhard Rapp

Aus einem Gespräch mit Gemeindegliedern.

»Die Geschichte von Jesus und der Ehebrecherin ist bekannt, ihr Kernsatz ist sprichwörtlich: ›Wer unter euch ohne Sünde ist, werfe den ersten Stein!‹ Ich frage mich jetzt nicht selbst in meiner Rolle als Prediger, sondern wüßte gern von Ihnen als Hörern: Was ist leicht, was ist schwierig an diesem Text?«

»Ich finde den Text nicht schwierig, sondern erfreulich klar, im Gegensatz zu anderen Bibelstellen, die so schwierig sind, daß ich sie nach dem Vorlesen sofort vergesse.«

»Die Geschichte ist auch aktuell. Sie enthält eine Menge Zündstoff, ich denke an das Thema: Die Frau in der Männergesellschaft. Offenbar wurden damals nur Frauen für einen ehelichen Fehltritt bestraft, die Männer kamen glimpflich davon.«

»Nach der Vorschrift im Alten Testament mußten eigentlich beide mit dem Tode bestraft werden, auch der beteiligte Mann. Vielleicht hatten die Männer zur Zeit Jesu das Gesetzs schon zu ihren Gunsten abgemildert.«

»Mich erstaunt überhaupt eine so harte Strafe für eine Eheverfehlung. Für mich kommt darin die Leibfeindlichkeit der biblischen Religion zum Vorschein.«

»Mag sein, aber harte Strafen bei Normverstößen waren ganz typisch für antike Gesellschaften, nicht nur in Israel. Toleranz und Liberalität sind moderne Errungenschaften.«

»Aber was soll nun gepredigt werden? Ich frage mich – um es neudeutsch auszudrücken – nach der ›message‹ dieser Geschichte.«

»Dazu möchte ich noch einmal auf den Anfang zurückkommen. Es hieß, der Text sei nicht schwierig. Aber darin liegt gerade die Schwierigkeit. Der Text bietet zu wenig Anstoß. Er kommt uns viel zu sehr entgegen. Natürlich stehen wir alle auf seiten der ertappten Frau in ihrer Scham und Todesangst. Alles ist so schön eingeteilt: Die arme Frau, der gute Jesus, die bösen Schriftgelehrten und Pharisäer. Daraus wird leicht ein Klischee.«

»Es ist aber ein sehr wirkungsvolles Klischee, das noch heute allen spannenden Geschichten zugrundeliegt: Das Dreieck ›Opfer, Verfolger und Retter‹. Fast alle Krimis und Western sind nach diesem Strickmuster gemacht.«
»Ja, es macht auch diese Geschichte spannend, aber damit haben wir noch keine Predigt. Ich komme von meinem Eindruck nicht los: Der Text macht es uns zu leicht. Nach meiner Glaubensvorstellung muß ein Predigttext immer auch widerborstig sein. Er darf uns nicht zu glatt eingehen, sondern sollte anstößig sein, sonst ändert er ja nichts bei uns!«
»Es kommt ja immer darauf an, mit wem wir uns identifizieren. Unwillkürlich stehen wir immer auf seiten Jesu. Wie stachelig die Geschichte von der Ehebrecherin sein kann, merken wir sofort, wenn wir versuchen, uns in den Pharisäern und Schriftgelehrten wiederzuerkennen.«
»Das kennen wir doch alle von uns selbst: Wie schön es sein kann, sich unter die Schar der Gerechten zu mischen. Die Steine in unserer Hand, das ist die tatsächliche oder vermeintliche Schuld des Angeprangerten, damit werfen wir ihn tot.«
»Im Mittelalter hatten sie den Schandpfahl auf dem Marktplatz. Die modernen Pranger sehen anders aus. Das kann die Skandalpresse sein, das kann sogar ein Kabarett sein, das auf höchst geistvolle Manier das selbstgerechte Hohngelächter auf die geschmähten Personen lenkt. Sind wir erst einmal auf diese Spur gebracht, entdecken wir den Pharisäismus und Moralismus bei uns auf Schritt und Tritt, im Privaten genauso wie in der Öffentlichkeit.«
»Hauptsache, wir bringen es fertig, den Pharisäismus und Moralismus in uns selbst zu entdecken und zu überwinden.«
»Das hört sich gut an, wird aber umso schwieriger, je höher unsere Empörung und unser ›gerechter Zorn‹ ist, wie wir es gern nennen.«
»Vielleicht ist es ein Nebengedanke, der nicht ganz hierher paßt, aber ich las jetzt in der Zeitung, das ›Mobbing‹ am Arbeitsplatz, also das Sticheln, Ausgrenzen, Fertigmachen, das Nichtgrüßen, Nichtbeachten und so weiter führe zu volkswirtschaftlich spürbaren Erkrankungen, von der moralischen Seite ganz abgesehen.«
»Der Text bekommt immer mehr Stacheln, das merke ich jetzt. Ich habe gehört, die Geschichte sei erst in späteren Handschriften des Johannesevangeliums aufgetaucht. Ob die Theologen, die damals die Texte sortierten, ihre Bedenken gehabt haben?«
»Da bin ich sicher. Machen wir uns doch klar, daß sexuelle Verfehlungen in der Kirche bis in unsere Zeit hinein als besonders schlimme Sünden galten. Daß Jesus eine in Schande geratene Frau vor der Strafe rettet, mag vielen Männern höchst mißverständlich und bedenklich erschienen sein.«
»Jesus nennt den Fehltritt der Frau weder gut noch harmlos, sondern entläßt sie mit dem Wort ›Sündige künftig nicht mehr‹. Es geht in der Geschichte im Grunde um den zukunftsweisenden, – ich möchte fast sagen – schöpferischen Umgang mit Schuld und Schuldigen. Das wäre für mich der rote Faden für eine Predigt über diesen Text ...«

Zum Gottesdienst

August Friedrich Kleppel

Theologisch-homiletische Skizze

»Niemand ist perfekt. Darum gib dem anderen eine zweite Chance!«, wird das Ziel der Predigt über Johannes 8,2–11 sein. Den Vers 2 beziehe ich bewußt mit ein. Er beschreibt die Ruhe vor dem Sturm, die sinnvolle Tagesplanung vor der plötzlich einsetzenden Hektik. Ich bin dankbar für diesen Text, so wie er vorliegt. Die exegetischen Hinterfragungen, so interessant sie auch sein mögen, lasse ich außen vor. Die Gottesdienstbesucher vermögen bereits beim ersten Hören nachzuvollziehen, was abläuft. Daran kann direkt angeknüpft werden. So kommen die drei Teile der Geschichte erzählend und erläuternd zur Sprache: a) Die Ehebrecherin wird vor Jesus geschleppt, b) Jesus nimmt dem Geschehen die Hektik und spricht den entscheidenden Satz: »Wer ohne Sünde ist, der werfe den ersten Stein!« und c) Jesus gibt *allen* eine zweite Chance.

Der Hörer will wahrscheinlich den Mose-Satz im Wortlaut wissen. Er sollte auch informiert werden über Sinn und Ziel der alttestamentlichen Steinigung, nämlich die Sünde durch die Steine zu »bedecken«. Die Sünde ist von der Oberfläche der Erde weg. Weder Gott noch die Menschen brauchen Sie weiterhin noch anzusehen.

Der Ehebruch hat die menschliche Gemeinschaft verletzt und damit mittelbar auch deren göttlichen Schöpfer. Darum obliegt es der menschlichen Gemeinschaft, die Schuld zu ahnden. Heute ist die Übertretung des siebten Gebots vor allem im privaten Bereich angesiedelt. Da wird unter der Untreue gelitten. Da ereignet sich aber auch die eine oder andere Versöhnung. Bei Zerrüttung der Ehe regelt das Scheidungsverfahren das unbedingt Notwendige für das weitere Leben der – nun getrennten – Familienmitglieder.

Schwerpunkt der Textaussage für heute ist meines Erachtens folgender: Selbsternannte Saubermänner tragen Vergehen an die Öffentlichkeit. Ganze gesellschaftliche Gruppen stehen da auf einmal am Pranger. Es gibt sogar Leute, die mit der Produktion und Veröffentlichung von Skandalgeschichten ihr Geld machen (siehe Kontexte). Kein Feld menschlichen Lebens bleibt ausgespart oder verschont. Nun sind Pauschalverurteilungen meistens ungerecht. Andererseits ist Unrecht auch Unrecht zu nennen und strafrechtlich zu verfolgen. Schwarze Schafe sind herauszugreifen. Doch viele Menschen leiden stark darunter, daß man ihre Schwachstellen bloßlegt und an die Öffentlichkeit zerrt. Sie müssen fühlen, daß man mit dem Finger auf sie deutet oder unter vorgehaltener Hand über sie tuschelt.

Jesus hat der Angeklagten – aber auch den Saubermännern – eine neue Chance gegeben. Tun wir das auch?

Vorschläge zur Liturgie

Eingangsgebete

Lebendiger Gott,
öffne unsere Herzen, damit wir das Wehen Deines Geistes spüren, öffne unsere Hände, damit wir sie unseren Mitmenschen entgegenstrecken, öffne unsere Lippen, damit Freude und Wunder des Lebens über sie fließen, öffne unsere Ohren, damit wir Deinen Schmerz in unserem Menschsein hören, öffne unsere Augen, damit wir Christus im Freund wie im Fremden erkennen, gib uns Deinen Geist ein und berühre unser Leben mit dem Leben Jesu Christi. Amen
(Gebete aus der Ökumene II, EMW Hamburg 1992, El Escorial, Nicht mit halbem Herzen, Seite 7)

Herr, unser Gott, du prüfst unsere Gedanken und siehst jedem ins Herz. Das wissen wir und darum bitten wir dich in dieser Morgenstunde: Laß uns dein gutes Wort hören und ermutige uns, einander nicht zu richten, sondern füreinander dazusein als Gefährten auf dem Weg des Lebens mit dir. Das bitten wir dich im Vertrauen auf Jesus Christus, unseren Herrn und Bruder, durch den wir dich als unseren barmherzigen Vater kennen. Amen.
(Nach »Höre uns Herr«, Seite 99, Gütersloher Verlagshaus 1992)

Fürbittengebet

Herr, wir danken dir, daß du uns in deiner Großmut einen neuen Anfang schenkst. Gib uns die Kraft, daß auch wir anderen eine neue Chance bieten.
Alle: Kyrie eleison (EG 178,9 Melodie und Satz: Orthodoxe Liturgie der Ukraine)
Herr, wir bitten dich, vergib uns alle bösen Gedanken, mit denen wir andere richten und verurteilen. Vergib uns, daß wir oft so unversöhnlich sind.
Alle: Kyrie eleison ...
Herr, wir sehen den Splitter im Auge unseres Nächsten, aber den Balken in unserem eigenen Auge nehmen wir nicht wahr. Schnell sind wir mit dem Urteil über die Schwächen des anderen, aber unseren eigenen Fehler sehen wir nicht.
Alle. Kyrie eleison ...
Herr, laß uns in Liebe miteinander umgehen, damit wir lernen, die Lasten der Anderen mit zu tragen. Vergib uns unsere Schuld, damit auch wir frei werden, anderen die Schuld zu erlassen. Laß uns für die Menschen da sein, die uns brauchen.
Alle: Kyrie eleison ...
(Nach: »Gottesdienstgebete zum Kirchenjahr«, S. 113, Gütersloh 1988)

Worte zum Eingang

Aus Gnade seid ihr selig geworden durch Glauben, und das nicht aus euch: Gottes Gabe ist es. So trage einer des anderen Last und ihr werdet das

Gesetz Christi erfüllen. Espheser 2,8 und Galater 6,2
Herr, ich bin nicht wert, daß du unter mein Dach gehst; aber sprich nur ein Wort, so wird meine Seele gesund. Nach Matthäus 8,8

Altarlesungen
1. Mose 50,15–21, Psalm 36,8–10 oder

Selig, die Verständnis zeigen
für meinen stolpernden Fuß
und meine erlahmende Hand.

Selig, die begreifen,
daß mein Ohr sich anstrengen muß,
um alles aufzunehmen,
was man mit mir spricht.

Selig, die zu wissen scheinen,
daß meine Augen trübe
und meine Gedanken träge geworden sind.

Selig, die mit freundlichem Lächeln verweilen,
um ein wenig mit mir zu plaudern.

Selig, die niemals sagen:
»Diese Geschichte haben Sie mir
heute schon zweimal erzählt.«

Selig, die es verstehen,
Erinnerungen an frühere Zeiten
in mir wachzurufen.

Selig, die mich erfahren lassen,
daß ich geliebt, geachtet
und nicht allein gelassen bin.

Selig, die in ihrer Güte
die Tage erleichtern,
die mir noch bleiben
auf dem Weg in die ewige Heimat.
(Aus Afrika, »Nicht mit halben Herzen«, EMW Hamburg 1992, Seite 38)

Lieder nach dem Evangelischen Gesangbuch (Stammausgabe)
a) Morgenlieder
437 Die helle Sonn ...; 438 Der Tag bricht an ...; 440 All Morgen ist ...; 443 Aus meines Herzens Grunde ..., 445 Gott des Himmels und der Erden ...
b) Neuere Lieder
182,1–5 Halleluja ...; 199,1–5 Gott hat das erst Wort ...; 260 Gleich wie mich

mein Vater gesandt hat ...; 360 Die ganze Welt hast du uns überlassen (2. Melodie) ...
c) Bekannte Lieder
235 O Herr, nimm von uns unsere Schuld ... (Verse 1–4); 243 Lob Gott getrost mit Singen ...; 289 Nun Lob, mein Seel, den Herren ... (Verse 2+3); 299 Aus tiefer Not ...; 346 Such, wer da will ...; 354 Ich habe nun den Grund gefunden ...; 152 Ich bin getauft ... v.a. Verse 4–6 nach der Predigt;
d) Zum Abendmahl
213 Kommt her, ihr seid geladen ...; 216 Du hast uns Leib und Seel gespeist ...

Vorschlag zur Predigt

Möglicher Anfang
»Viele von uns kennen das aus eigener Erfahrung: Man hat den Tag geplant. Er soll ruhig und produktiv verlaufen. Man nimmt sinnvolle Aufgaben und Arbeiten in Angriff.
So war es auch bei Jesus. Er lehrte im Tempel. Ratsuchende und Interessierte saßen um ihn herum. Sie lauschten seinen Bibelauslegungen. Diese brachten Richtung und Wegweisung ins oftmals verfahrene Leben. Da geschieht Unerwartetes. Unruhe bricht auf. Aufgeregtheit, Nervosität und Hektik beherrschen die Szene. Eine Eilentscheidung wird gefordert. Konsequenzen zu ziehen wird verlangt. Der Tagesplan ist verdorben. Eine auf frischer ehebrecherischer Tat ertappte Frau wird vor Jesus geschleppt.«

Fragen: Ist eine Verheiratete in eine intakte Ehe eingebrochen?
Oder war sie ledig?
Hat es eine verheiratete Frau mit einem verheirateten Mann getrieben?
Und überhaupt: Warum wieder einmal nur die Frau?
Lies nach bei Mose: »Wenn jemand die Ehe bricht mit der Frau seines Nächsten, so sollen beide des Todes sterben, Ehebrecher und Ehebrecherin, weil er mit der Frau seines Nächsten die Ehe gebrochen hat.« (3. Mose 20,10).
Nach der Erläuterung des Sinnes der Steinigung zur Zeit des AT kann vom Handeln der Pharisäer und Schriftgelehrten aus ins Heute übergeleitet werden.

Weiterer Verlauf
»Kennen wir das nicht auch? Sind da nicht – oftmals selbsternannte – Saubermänner, die unter dem Vorwand, für Ordnung und Ehrbarkeit zu sorgen, Menschen über die Medien in die Öffentlichkeit zerren? Sogar Geld wird damit gemacht, daß Seichtes zur Veröffentlichung verkauft wird.« (Siehe Kontexte), zum Beispiel:

Affären der Königshäuser und Regierenden, die ganze Kirche Stasi-verseucht, Schmiergelder für Bauaufträge, Bestechungsgelder für transplantierende Ärzte.
Hier ist Differenzierung gefordert. Unrecht bleibt Unrecht und muß abgeurteilt werden. Ein Schüler brachte das Beispiel Mord. Pauschalverurteilungen ganzer Stände, Gruppen und Organisationen ist zu wehren. Zu Unrecht Angeklagte sind zu schützen. Auf die Änderung der öffentlichen Meinung ist einzugehen, zum Beispiel beim Ehebruch: Ein damals die Gemeinschaft betreffendes Vergehen ist heute mehr oder minder zur Privatsache geworden.
Heute drängende Fragen sind: Gewalt gegen Frauen und Schwächere; sexueller Mißbrauch von Kindern und Abhängigen; Vergewaltigungen in und außerhalb der Ehe; Raubdelikte und Prostitution, um die Suchtabhängigkeit zu bezahlen.
»Die Frage ist: Wie gehen wir mit den betroffenen Menschen um? Lassen wir Strenge walten, wie im Falle der Asylbewerber (Siehe Kontexte)? Muß es sein, daß diese Menschen sich aus Verzweiflung und Hoffnungslosigkeit in der Abschiebezelle erhängen? Nur, weil die Massen geschrieen haben: ›Ausländer raus!‹ und die Politiker ein restriktives Ausländergesetz verabschiedet haben?
Oder haben Leute, die in etwas hineingerutscht sind, bei uns eine neue, eine zweite Chance? Können sie nochmals neu anfangen?
Jesus sagt: ›Geh, und sündige hinfort nicht mehr!‹ Das ist keine leichte, sondern eine sehr schwere Aufgabe. Wie wird die Frau mit den Betrogenen auskommen? mit ihrem Mann? mit ihrer Familie? mit dem anderen Mann? mit der geschädigten Familie? Ja, wie wird sie mit sich selbst hinkommen? Wird sie das Geschehene verarbeiten können oder wird sie die Geschichte verdrängen? Leider läuft es ja oftmals auf die Verdrängung hinaus.« Unser Volk möchte ja von den Jahren 1933 bis 1945 auch nichts mehr wissen, um ein gängiges Beispiel zum Beweis anzuführen.

Möglicher Schluß
Bevor wir die Schlußkonsequenz ziehen, lassen Sie uns, liebe Gemeinde, nochmals auf das Geschehen um Jesus blicken. Jesus ist mit großer Geschicklichkeit vorgegangen, ja, es war eine taktische Meisterleistung. Er hat durch das Schreiben im Sand die Hektik aus dem Geschehen genommen. Er ist weder mit dem Recht der Römer auf Ausübung der Todesstrafe in Konflikt gekommen, noch hat er das Mosegesetz und seine Autorität in Frage gestellt. Er hat den geradezu genialen Satz gesprochen: »Wer ohne Sünde ist, der werfe den ersten Stein!« und hat damit *allen Beteiligten echte Zukunft eröffnet.* Zuerst denen, die betroffen weggingen; denn sie wurden in einen Denkprozeß über sich selbst und das Zusammenleben mit anderen geführt, dann aber auch der an die Öffentlichkeit gezerrten Frau. Und mit dieser Frau auch all denen, die das Gefühl nicht los werden, auf sie deute-

ten Finger und über sie würde getuschelt: »Der war schon im Knast«, »Deren Kind ist in der Szene«, »Ob der wohl trocken bleibt?«, »Das ist doch der Lebemann, der nichts anbrennen ließ. Wer wird als nächste auf ihn hereinfallen?« Wir merken: Wohl niemand ist unbetroffen. Fast jeder hat etwas zu verkraften. Richten und verurteilen helfen nicht.
Nobody is perfect. Darum gib den anderen eine Chance. Amen.

Kontexte

Aus DER SPIEGEL 26/1994, Überschrift: »Kapitale Böcke. Mit Sex- und Skandalgeschichten versorgt PR-Agent Max Clifford Untertanen ihrer Majestät – und macht dabei glänzende Geschäfte.«
»Der Sensationsbericht (über eine Verwandte von Lady Di) hatte alle Zutaten, mit denen die abgekochten Macher der Londoner Boulevardblätter im Konkurrenzkampf um Leser und Schlagzeilen ihre Storys am liebsten anrühren: Politik, Königshaus, Sex. Wen kümmert es schon, daß nichts an dem Artikel stimmte?«

Aus DAS Nr. 26/1994, Überschrift: »Und dann macht es Klick. Damit abgelehnte Asylbewerber nicht untertauchen, nehmen die Behörden Tausende von ihnen in Abschiebehaft« (von Reiner Scholz).
»Mancher Verwaltungsakt erledigt sich vorzeitig. Anfang Juni erwürgte sich Zhou Zhe Gun im Gefängnis von Halle mit zusammengeknoteten Socken. Seit dem 16. März saß der 43jährige Chinese im Gefängnis. Zhou hatte nichts verbrochen. Er war nur illegal nach Deutschland eingereist – Grund genug, um ihn in Haft zu nehmen.«
Emanuel Tout war ein fröhlicher Mensch. Seine deutsche Freundin schilderte den Sudanesen als Sonnyboy. Ende letzten Jahres erhängte sich der 23jährige im Abschiebegefängnis von Herne …
»Seit Änderung des Asylrechts sind unserer Organisation mehr als zehn solcher Fälle bekanntgeworden«, sagt Herbert Leuniger, Sprecher der Flüchtlingsorganisation Pro Asyl. (Deutsches Allgemeines Sonntagsblatt vom 01.07.1994, Seite 5.)

5. Sonntag nach Trinitatis

Annäherungen an den Predigttext Lukas 14,25–33

Helmut Liersch

Der Text wirkt wie ein Treibsatz! Wir sitzen in einer Runde von Mitarbeiterinnen und Mitarbeitern in der Konfirmandenarbeit zusammen, alles engagierte Menschen. Hauptthema des Wochenendes ist »Nehmet einander an!« Kaum ist Lk 14 in die Gruppe eingebracht, bestimmt die Radikalität der Rede Jesu unser Denken. Uns wird sehr schnell bewußt: Jeder Mensch hat seine Haßgeschichten. Ihr Spielort ist meist die Familie. Einer sagt: Das möchte ich auch so können wie Jesus: einfach mal alles wegschleudern – ohne Rücksicht auf Verluste. Wir versuchen das. Alle hängen sich an einen dran und wollen nicht loslassen. Mit einer riesigen Kraftanstrengung und lautem Schrei stößt der alle von sich. Diese kleine bibliodramatische Szene wird zum Schlüsselerlebnis. Äußerungen danach:
»Jesus weist alle Leute ab, die die Beziehung zu ihm als eine unter anderen ansehen.« – »Es ist reizvoll und skandalös zugleich, daß alle Beziehungen, in denen ein Nehmen und Geben passiert, gekappt werden sollen. Ich will nichts geben – und ihr könnt nichts geben. Schluß! Aus! Kein Zurück.« – Widerspruch: »Wer wirklich die Beziehung zu mir sucht, der kommt auch nach solch einem Ausbruch wieder!« – »Nein! Beziehungen zerbrechen, und dann sind sie eben kaputt!« – »Heiliger Zorn ist gut. Da wird wenigstens etwas deutlich!« – »Vielleicht muß so etwas gar nicht mit einem großen Knall verbunden sein, vielleicht kann die Entscheidung ja auch in mir drin fallen.« – »Vielleicht ist es für mich wirklich an der Zeit loszugehen. Ich habe mich nie an die Beziehung zu meinem Vater rangetraut.« –
Der Text wurde so zum Ausgangspunkt vielfältiger und zum Teil sehr persönlicher Überlegungen. Dafür einige Beispiele:
Jesu Sache braucht Menschen, die sich klar darüber sind, daß das Leben, zumal das eigene, nicht nur Harmonie, Friede, Freude und Liebe ist, sondern auch ganz andere Anteile hat. Sie braucht Menschen, die Vordergründigkeiten, Fassaden und allzu schnell gezimmerte Selbstkonzepte in Frage zu stellen gelernt haben. Sie braucht Menschen, die ehrlich sind. »Meine Kinderstube war wunderschön!« – War sie das wirklich, oder gab es da nicht auch Erfahrungen, die mich auf eine Weise prägten, daß ich Vater und Mut-

ter dafür hassen könnte? »Unsre Ehe ist in Ordnung!« – Ist sie das wirklich, oder habe ich es mir nicht längst schon versagt, meine Frau für ihr »Sosein« zu hassen? Hat mein Bruder nicht meine Entwicklung ständig behindert? Gehen mir meine Kinder nicht manchmal entsetzlich auf den Wecker, so daß ich sie »liebend« gern an die Wand klatschen könnte? Und wie ist das mit mir? Hab ich mich wirklich lieb – oder finde ich mich nicht auch manchmal zum Kotzen? Die Sache Jesu braucht Menschen, die auch ihren negativen Seiten und Entwicklungsbedingungen auf den Grund gehen und diese Anteile annehmen und so ihr Kreuz tragen. Ganze Menschen, gebildet aus Liebe und Haß! Nicht die, die vor lauter »Liebe«, Harmoniebedürfnis und gesellschaftlich normiertem »... bei mir ist alles o.k. ...« den Blick für Krankes, Krummes und Verdrängtes in ihrem Leben vollkommen verloren haben.

Für mich spiegelt dieser Text den großen Zwiespalt wider, in dem jeder Mensch steckt. Einmal die Suche nach Nähe, die nichts fordert, zum anderen das objektive Wahrnehmen von Tatsachen – und letztlich das Finden einer eigenen Position in der Welt und in der Beziehung zu Gott. Dieses Suchen wird immer etwas Zwiespältiges, Angstmachendes bleiben. Doch gerade darin steht Jesus mit uns und will es mit aushalten und teilen. Wenn er sagt »Wer nicht sein Kreuz trägt«, dann traut er uns zu, dies auch zu tragen.

Haß ist ein verbotenes Gefühl. Ich brauche Mut, um meinen Haß zuzulassen und noch mehr, um ihn auszudrücken. Wenn ich hasse, spüre ich, daß ich lebe! Gibt es Liebe ohne Haß? Ist das Gegenteil von Liebe nicht die Gleichgültigkeit? Ich hasse jemanden, der starr behauptet, er würde mich lieben. Damit kann ich nicht umgehen. Ich habe das Gefühl, mein Haß geht ins Leere, mein Gegenüber entzieht sich mir.

Sagen die Beispiele, die Jesus nennt: Haß kann etwas sein, das Neuanfänge ermöglicht? In mir? Ohne die anderen? Haß schafft Abstand. Den brauche ich, um Ich zu werden. Den brauche ich, um auch die Anteile in mir zu sehen, die ich von meiner Familie habe. Das Über-Ich läßt grüßen und dankt recht schön! Loslassen. Das ist mir ein Problem. Noch etwas, das ich hasse: Abschiede. Loslassen – entlassen – gelassen – verlassen – lieben heißt lassen! Menschen loslassen, Orte loslassen, Gefühle loslassen, Geschichte loslassen: Freiheit.

Jüngerin sein heißt nach dieser Geschichte: Ich bin das, wenn ich mein Leben lebe, die Herausforderungen, die das Leben mir stellt, annehme, nicht das Leben der anderen/des anderen lebe. Ich bin ich – und ich bin nicht auf der Welt, um so zu sein, wie Du mich haben willst ...

Übrigens: Beigetragen haben Bärbel, Burkhard, Hans-Andreas, Harald, Ilona, Ina, Imo, Johannes, Onno, Reinhard, Renate und Werner.

Zum Gottesdienst

Eschel Alpermann

Theologisch-homiletische Skizze

Nachfolge, zu der Jesus auffordern kann (Lk. 9,59), und Selbstverleugnung (vgl. Mt. 10,39) bleiben in der Bewertung des Lukas verklammert. Nachfolge verlangt einen Preis, nämlich Verzicht auf Besitz und Erwerb, auf Familienanschluß und Harmonie mit den engsten Angehörigen, darüber hinaus auch Distanz zur eigenen Person. Besitzlosigkeit und Ablösung von den Verwandten finden ihre radikale Steigerung in der Selbstaufgabe dessen, der Jesus ernsthaft nachfolgen will. Diese Haltung findet in dem Verb ›hassen‹ ihren schärfsten Ausdruck.
Bei den Predigthörern stößt die auf Haß gegründete Vorbedingung für die angestrebte Nachfolge u. U. auf deutliche Ablehnung (– wie erlebt!). Das Unbehagen am Text drängt zu heftigen Reaktionen, z. B.: ›Falsche Übersetzung‹, Mißverständnis des Evangelisten, »unechtes« Jesus-Wort ...! – Auch diese Anfragen gehören dazu: »Ist der Text vorgeschrieben gewesen? – Haben Sie diesen Text selbst ausgewählt? – Warum muß über diesen Text gepredigt werden?« – Ein Hörer hatte aus eigenem Antrieb andere Übersetzungen aufgespürt (z. B. Die Gute Nachricht/Bibel in heutigem Deutsch, die Einheitsübersetzung und ›DAS NEUE TESTAMENT‹ von J. Zink) und erleichtert zustimmen können. – Mit Abwehr gegen den Text muß gerechnet werden!
Nachfolge bzw. ›Jünger werden/sein‹ ist im christlichen Kontext übereinstimmend positiv bewertet worden; vielleicht deshalb auch (zu) wenig reflektiert und problematisiert worden! Das dreifach »... der kann nicht mein Jünger sein« setzt diese Reflexion auf die Tagesordnung der Gemeinde. Angesichts schmerzhafter Erfahrungen, die Eltern – oft völlig hilflos mit einem Sohn oder einer Tochter machen mußten, wenn die Jugendreligion bzw. Sekte unbedingte Nachfolge einforderten – oder Sohn/Tochter ein »entschiedenes Christentum« zu leben versuchten –, kann nicht länger einer ausschließlich positiven Bewertung jedweder Nachfolge beigepflichtet werden. Der Predigttext bietet einen Ansatzpunkt zu vertiefender Erörterung und schafft womöglich im Vorfeld aufziehender Konflikte eine Gesprächsgelegenheit.
Allerdings muß klar bleiben: Jesus ruft Menschen in ›seine Nachfolge‹ (was nicht automatisch den Beitritt in eine ›Nachfolge-Organisation‹ meint). Die Notwendigkeit der Selbstprüfung nimmt dem Ruf ›folge mir nach!‹ (auch Mt. 10,38 u. 16,24) nichts von seiner Bedeutung; es ist ja der Ruf zum Leben! – Die falschen Propheten, die sich selbst nie in Zweifel ziehen lassen wollen, pervertieren die ehrlichen Herzens befolgte Aufforderung zur Nachfolge. Ihre Gaben sind nicht Freiheit und ewiges Leben, sondern bit-

tere Unfreiheit und an Todesstarre erinnernde Persönlichkeitsveränderung zum Negativen. Von diesem Typ der Nachfolge ist der Jesu Ruf zur Jüngerschaft nachdrücklich zu unterscheiden.
Die Gefahr für Predigthörer, sich einer sektiererischen Gruppierung zu verschreiben, dürfte gering sein. Allerdings darf unterstellt werden, daß im häuslichen oder beruflichen Umfeld Herausforderungen lauern. Hilfestellung und Klarstellung sind also womöglich dringend erwünscht.
Es sollte bedacht werden, daß wohl niemand unter den Zuhörern seinen gesamten Besitz aufgegeben hat, - niemand den Versuch unternahm, sämtliche Verwandte zu hassen, - auch niemand ernsthaft und erfolgreich in zerstörerischen Selbsthaß verfallen ist! Sollte etwa die Mahnung Jesu für heutige Hörer irrelevant sein, da sie sich - nach ihrem Verständnis von Zugehörigkeit zu Christus - nicht zur Nachfolge aufgerufen sehen? - Immerhin ist Besitzverzicht im Einzelfall durch Franz von Assisi und seither durch die Geschichte des Franziskanerordens immer wieder bis zur Gegenwart belegt worden. Und wenn sich der ›Haß‹ im strengen Sinne gegenüber Angehörigen m. W. nirgends und niemals den Zutritt zu Jesu Anhängerschaft bewirken konnte, so lassen sich doch Konflikte mit Verwandten (z. B. auch bei Franziskus) benennen, die einem Ausbrechen aus der Gesellschaft zugunsten der Jesus-Nachfolge zugeordnet werden müssen. - Am Problem des Selbsthasses ist die radikale Entscheidung für das Reich Gottes am tiefsinnigsten dargestellt: Nicht Selbstzerstörung, sondern völlige Selbsthingabe erwartet Jesus von dem, der ihm nachfolgen will (evtl. kann hier die jüdische Konvertitin Edith Stein vorgestellt werden, die Christus im Katholizismus fand. Sie starb im KZ.). Entsprechende Aufgeschlossenheit und Einsicht verrät einer, der Jesus nicht (!) nachfolgte: Joh. d. Täufer sagt im Blick auf Jesus: »Der wird nach mir kommen, und ich bin nicht wert, daß ich seine Schuhriemen löse (Joh. 1,27)«. - Paulus äußert sich hinsichtlich des Werteverlustes, den seine Berufung zum Apostel ihm eingetragen hat, drastisch: »Was mir Gewinn war, das habe ich um Christi willen für Schaden erachtet ... und ich erachte es für Dreck (sehr vornehm ausgedrückt!), damit ich Christus gewinne (Phil. 3,7 f. nach Lutherübers. 1984)«.
Der Hörergemeinde ist verständlich zu machen, daß weder Besitzverzicht noch Verwandtenhaß oder gar Selbsthaß - je für sich genommen oder gemeinsam - bereits Garantie für überzeugende Nachfolge sein können. Sie geben aber die Richtung an, in die der zur Nachfolge Entschlossene unweigerlich gedrängt wird. Verzichte und Ablösung (aus dem sozialen Umfeld) dürfen das Wesentliche, die Nachfolge im Geist Jesu, nicht aus dem Brennpunkt unseres Interesses verdrängen; sie dürfen sich nicht verselbständigen! (Dasselbe gilt auch für die Beispiele vorausschauender Klugkeit und der von ihr gebotenen folgerichtigen Handlungsweise innerhalb des Textes.)
Große Worte und leuchtende Vorbilder lösen nicht selten Gefühle der Ohnmacht und der Überforderung aus. Deshalb ein Vorschlag: Ermuti-

gung zu wiederholbaren einzelnen Schritten auf dem Weg der Nachfolge wird hilfreich sein. Auch wer stehenbleibt oder einen irrtümlichen Schritt tat, darf der Stimme des guten Hirten vertrauen und folgen! Wird mit dieser Intention nicht gerade der Radikalität des Textes die Spitze eingebogen? Ein Blick auf die Parallele (Mt. 10,3 f. »wer ... mehr liebt als mich, der ...«) zeigt eine relativierende Sprachstruktur. Damit wird Kollision sowohl mit dem Gebot der Nächstenliebe wie auch mit dem Gebot der Elternliebe vermieden. Vor allem: Jesus hat sebst den versagenden Petrus ertragen und erneut beauftragt. Und seine Gemeinde blieb vielfach hinter ihrem Auftrag zurück, Salz der Erde und Licht der Welt zu sein.

Vorschläge zur Liturgie

Lieder
Nach EKG. Eingangslied 105,1.5-7 Zieh ein zu deinen Toren (= Ev. Gesangbuch 133, 1.5-7), Lobstrophe 188,5 Sei Lob und Preis mit Ehren (= EG 289,5), Predigtlied 216,1-5 Wach auf, du Geist der ersten Zeugen (= EG 241,1-5), Lied nach der Predigt 214,3+5 aus: Ich lobe dich von ganzer Seele (= EG 250,3+5), Schlußlied 216,9 »Du wirst dein herrlich Werk vollenden ...« (= EG 241,8). nach dem Segen (Gemeinde singt stehend) 139,1 Verleih uns Frieden gnädiglich (= EG 421,1).

Spruch
»Wenn ihr mich von ganzem Herzen suchen werdet, so will ich mich von euch finden lassen, spricht der Herr.« (Jer. 29,13b.14a)

Gebet
Gott, Vater im Himmel, wir räumen ein, daß wir oft der Meinung sind, daß es doch genüge, gelegentlich mit Dir zu rechnen. Ja, häufig verhalten wir uns so, als wäre alles, was wir unternehmen, von vornherein im Einklang mit Deinem Willen. Wir nehmen es nicht so genau mit der Nachfolge, in die uns Jesus, Dein lieber Sohn, gerufen hat! – Bitte, vergib uns unsere Überheblichkeit und Selbstzufriedenheit, unsere Lauheit, unsere Gleichgültigkeit, durch die wir vor Dir schuldig geworden sind! – Hilf uns dazu, daß wir durch Deinen Heiligen Geist zum ›Salz der Erde‹ und zum ›Licht der Welt‹ werden und den Frieden samt der Gerechtigkeit fördern, die nach Deinem Willen für alle Menschen zur Wirkung kommen sollen. – Herr, erbarme Dich!

Gnadenspruch
So spricht der Herr: »Mir hast du Arbeit gemacht mit deinen Sünden und hast mir Mühe gemacht mit deinen Missetaten. Ich (ich) tilge deine Übertretungen (um meinetwillen) und gedenke deiner Sünden nicht.« (Jes. 43,24b.25)

Kollektengebet
Guter Gott, barmherziger Vater! Du hast uns durch Deinen Sohn, Jesus von Nazaret, Deine Liebe zugewandt und Deinen Treuebund auch angesichts unseres Ungehorsams nicht aufgekündigt! Mit Erbarmen suchst Du uns und willst uns auf ewig für Dich gewinnen. Dafür danken wir Dir, treuer Vater, der Du mit Jesus Christu, unserm Herrn, und mit dem Heiligen Geist in Einheit lebst und regierst von Ewigkeit zu Ewigkeit.

Schlußgebet
Barmherziger Gott und Vater, Dein guter, heiliger Wille läßt keine Zweifel daran aufkommen, daß Du unsere Rettung vor Verderben, Schuld und Tod suchst. In der Nachfolge Jesu legst Du uns den Weg zum Leben vor. Im Leiden und Sterben Deines lieben Sohnes und in seiner Auferstehung vom Tode erkennen wir die Hingabe seiner Liebe und Anzeichen tragfähiger Hoffnung. Dafür danken wir Dir, ewiger Gott! – So bitten wir Dich im Geiste Jesu: Sei Helfer und Beistand derer, die von Krankheit, Hunger, Armut und Gewalt betroffen sind! Tröste alle Leidenden, Verfolgten und Geängstigten! Ermutige Deine Zeugen dazu, unerschrocken gegen Unrecht die Stimme zu erheben und mit Taten zur Versöhnung zwischen Gegnern beizutragen! Zerbrich doch die Geißel von Terror und Krieg, von Zerstörung und Blutvergießen! Schenke Freude, wo Einsamkeit quält, und stifte Hoffnung gegen Resignation und Ohnmacht! Und begleite uns, treuer Vater, mit Deiner Liebe auch dort, wo wir uns im Alltag bewähren müssen.

Vorschlag zur Predigt

Möglicher Anfang A.
Sonntag für Sonntag hören wir im Gottesdienst mit Nachdruck dasselbe: »Du sollst deinen Nächsten *lieben* wie dich selbst!« – Gerade diese Forderung sollte ja nach dem Urteil Jesu die höchste Bedeutung für Gläubige haben, – einen hervorragenden Rang, wie er sonst nur noch dem Gebot, Gott von Herzen zu lieben, zukam! Doch nun vernehmen wir hier ganz andere, unvorstellbar schroffe Töne. Sie verkehren die Sympathie, die Jesus bei vielen von uns gewonnen hat, in zögerndes Abwarten und vorsichtiges Abwägen: Sollte sich Jesus etwa im Ton vergriffen haben? Sollte er es bitterernst meinen, wenn er statt der im vierten Gebot geforderten Achtung und Ehrung der Eltern eine innere Distanz zu diesen erwartet, ohne die niemand sein Jünger und seine Jüngerin werden könnte? Ja sollte Jesus wirklich den Haß zur Grundbedingung einer Nachfolge ausrufen, deren wesentlicher Gehalt die Liebe ist? – Wir erinnern uns an die dreimalige Redewendung, die der Evangelist Lukas so betont und auffällig als Jesu Bedingung festhält: »Wenn jemand zu mir kommt und hat nicht ..., *der kann nicht mein Jünger sein.«* – Wer nicht sein Keuz trägt und mir nachfolgt,

der kann nicht mein Jünger sein. – Jeder, der sich nicht lossagt von allem, was er hat, *der kann nicht mein Jünger sein.«*
Angesichts der großen Menschenmenge, die Jesus umgibt, scheint es ihm geboten zu sein, eine Trennungslinie zwischen leichtfertiger Begeisterung für ihn und ernstgemeinter Jüngerschaft zu ziehen.

Möglicher Anfang B.
Ein unerhörtes Wort Jesu! »Wenn jemand zu mir kommt und haßt nicht seinen Vater ... dazu sich selbst, der kann nicht mein Jünger sein!« – Und: »wer nicht sein Kreuz trägt und mir nachfolgt, der kann nicht mein Jünger sein!« – Schließlich: »wer sich nicht lossagt von allem, was er hat, der kann nicht mein Jünger sein!« – Solche Äußerungen müssen Betroffenheit auslösen, vielleicht sogar tiefe Bestürzung oder auch heftige Abwehr und entschiedenen Widerspruch erregen. Denn uns scheint unmöglich zu sein, daß solche Worte aus Jesu Mund kommen sollten. – Unser Vorbehalt, unser Einspruch hat etwas mit unserem »Bild von Jesus« zu tun, zu dem solche radikalen Forderungen nicht passen wollen. Jeder von uns kennt doch den sanften Mann aus Nazaret als einen Freund und Fürsprecher der Kleinen, Schwachen und Armen. Und gerade deswegen schätzen wir ihn doch, diesen äußerst liebevollen Menschen, der selbst den Verrat seines Jüngers ohne Vergeltungsgedanken hinnahm. Ja, wir verehren in ihm den Gesetzeslehrer, der als Gottes Willen kundgibt, auch den Feind solle man aus seiner Feindschaft herauslieben und aus den Fesseln der Feindseligkeit befreien. Und nun solche Töne?

Zum weiteren Verlauf
Wir stoßen auf eine Haltung Jesu, die uns anfänglich vor den Kopf stoßen kann. Offenbar läßt Jesus keinen Spielraum zu: Wenn es um die Haltung und Rolle eines Jüngers oder einer Jüngerin geht, sind keine Halbheiten angebracht. Wer den Wunsch hegt, fortan ganz zu Jesu Gefolgschaft gerechnet zu werden –, wer darin den Sinn des Lebens erfüllt glauben möchte, der wird nicht nur ganz beglückt, sondern auch ganz gefordert werden! Wenn in drei knallharten Sätzen eher von einer Jüngerschaft abgeschreckt wird, als für sie geworben wird, dann gleicht der Zugang zu Jesus einer Festung, die durch Mauern, Zugbrücke und Tore gleich dreifach gesichert wird. – Tatsächlich ist Jesu Anliegen ohne Zweifel darauf gerichtet, viele Menschen zu einer überzeugenden Jüngerschaft anzuregen. Alle diejenigen, die nur ein wenig mit solchen Gedanken spielen und vorerst nur unverbindlich schnuppern wollen, will Jesus über die gewaltige Herausforderung solcher Nachfolge nicht im unklaren lassen. Ja, Jesus schenkt den Menschen mit leicht entflammbarer Begeisterung klaren Wein ein!
Die Schroffheit dient also der Klarstellung und Wahrhaftigkeit. Niemand sollte sich bei Antritt der Jesus-Gefolgschaft darüber täuschen, was von ihm gefordert und was auf ihn zukommen wird! – Wie der Anblick eines

Gebirges den Betrachter schier erschlagen kann, so mag auch derjenige erschüttert sein, der zunächst mit einer Nachfolge liebäugelt und nun wahrnimmt, daß es kein Zurück, keine Halbheiten und keine Kompromisse geben kann. Wie die eindringliche Forderung der hebräischen Bibel anmahnt - »Du sollst den Herrn, deine Gott, liebhaben von *ganzem* Herzen, von *ganzer* Seele und mit *all* deiner Kraft (5. Mose 6,5)« -, so ist auch der Schritt in die Jüngerschaft und die Teilhabe an Jesus nur als folgenreiche, unumkehrbare und unteilbare Hinwendung zu begreifen.

Weitere Ausführungen können schrittweise das geforderte näher beleuchten: zunächst das Loslassen des Besitzes und den Verzicht auf materielle Güter, wohl auch gesellschaftlichen Aufstieg und einflußreiche Positionen und alles, was - neudeutsch gesagt - sich rechnet. - Ferner könnte eine familiäre Krise skizziert werden, in der sich Sohn oder Tochter von den Vorstellungen der Eltern zu lösen versuchen, den künftigen Lebensweg des Kindes mitbestimmen zu wollen. Dabei könnte es ganz geschickt sein, das Motiv des Heranwachsenden möglichst lange vor den Zuhörern zu verschweigen, bis als spezifischer Ablöse-Grund die Hinwendung (oder Bekehrung) zu Jesus ein neuer Bewertungsmaßstab in Erscheinung tritt. - Sollte an dieser Stelle der Wunsch bestehen, auf Praktiken moderner Jugendreligionen/Sekten einzugehen, so gilt es dafür Sorge zu tragen, sich nicht in diesem Fahrwasser zu versteuern. Der Ruf ›folge mir nach!‹ ist bei Jesus wie bei religiösen Werbekolonnen gleichermaßen ›radikal‹. Der Unterschied liegt darin, daß Jesus zu sich ruft, die übrigen Anwerber aber in eine radikale Organisation.

An der Person des Franz v. Assisi kann - trotz legendenhafter Einzelzüge - ein historisches Beispiel für gewagte, unbedingte und überzeugende Nachfolge im Gesichte Jesu dokumentiert werden. Über den Bezug zum Franziskanerorden läßt sich eine Linie bis in die Gegenwart ziehen. Auch heute gibt es Menschen, die - allen verlockenden Angeboten eines modernen Lebens zum Trotz - das einzigartige Angebot freudig aufgreifen, das Leben in der Nachfolge Jesu zu führen. Vielfach ist dabei ein Bruch mit den Angehörigen gerade nicht zwangsläufig.

Ein dritter Schritt kann sich mit dem Problem des Selbsthasses befassen. Zu unterscheiden ist eine Fähigkeit, selbstkritisch und mit Distanz zu sich selbst Urteile zu fällen und Entscheidungen zu treffen, von einer durch Störung oder Krankheit herrührenden Art des Selbsthasses. (Dabei sollte vorsorglich der Gedanke an Suizid bedacht werden.)

Wörtliche Ausführung

Welche gewaltige, schier überfordernde Zumutung einem Jünger und einer Jüngerin auf dem Weg der konsequenten Gefolgschaft zustoßen kann, läßt sich aus Jesu wirklichkeitsnaher Vorausdeutung entnehmen: »Wer nicht sein Kreuz trägt und mir nachfolgt, der kann nicht mein Jünger sein«. ›Sein Kreuz tragen‹ deutet unmißverständlich auf gewaltsamen Tod am Kreuz

hin, also auf ein Sterben, das nicht nur unehrenhaft ist, sondern das sich geradezu folgerichtig aus der Zugehörigkeit zu Jesus und aus der Anhängerschaft zu seiner Gesinnung, zu seinem vorbildhaften Liebeseinsatz erklären läßt. Die Gegner Jesu werden aller Voraussicht nach - früher oder später - auch zu Feinden seiner Anhänger; darüber sollte kein Zweifel bestehen! Wer sein eigenes Kreuz trägt, schleppt es als zum Tode Verurteilter zur Richtstätte! Das Martyrium ist womöglich letzte Wegstrecke in der Nachfolge, wie wir aus der Biographie Bonhoeffers wissen.
In zwei kurzen Beispielen verdeutlicht Jesus, daß es einer wohlüberlegten Entscheidung bedarf, bevor sich ein Bauherr dazu entschließt, einen nützlichen oder zumindest heißersehnten Traum zu erbauen. Sollten die voraussichtlichen Kosten die verfügbaren Geldmittel überschreiten, wird der sorgfältig Rechnende vorerst von dem Bauprojekt Abstand nehmen. Und wer sich auf das risikoreiche Abenteuer einer kriegerischen Auseinandersetzung einlassen will, wird - unabhängig von der moralischen Frage - zu prüfen haben, ob er letztlich überhaupt eine Chance haben wird, die Oberhand zu gewinnen. Sollte es sich herausstellen, daß die eigenen Leute nicht ausreichen, wird der klug Beratene von vornherein eine Politik der Verständigung und des Ausgleichs betreiben. - Klugkeit, die vorausberechnet und dann folgerichtig das Ergebnis überprüft, wird sich um Schadensbegrenzung bemühen. Daraus folgert Jesus: Die Jüngerschaft wird nur derjenige durchhalten, der Jesu Tod in letzte Konsequenz auch für sein eigenes Leben bedacht hat - und dennoch sich anschickt, Jesus - bis ins Leiden hinein - nachzufolgen.

Schlußgedanken

Wenn wir den hohen Aspruch, den Jesus mit dem Jünger-Dasein verbindet, wie eine Meßlatte an einige seiner Jünger legen, sieht es für diese Männer nicht gut aus. Gleich drei von ihnen versagten vor Müdigkeit, als Jesus - kurz vor seiner Verhaftung - ihren Beistand brauchte. Und wenig später flohen sie alle. Der Mutigste verriet wenig später seinen Herrn! Gerade dieser Petrus, der als Jünger eine schlechte Figur abgab, wurde bald darauf damit betraut, die Botschaft von Jesu Sieg über den Tod an die Öffentlichkeit zu bringen; fortan hielt er an dem Bekenntnis zum Auferstandenen fest, wahrscheinlich bis in seinen Tod als Märtyrer. - Wenn Jesus auch Menschen in seine Nachfolge gerufen hat, die enttäuscht haben und - wie die jüngste Zeit im Blick auf Stasi-Verstrickungen erkennen läßt - bisweilen zwei Herren treu gedient haben, gilt doch auch hier das Jesaja-Wort: »Das geknickte Rohr wird er nicht zerbrechen, und den glimmenden Docht wird er nicht auslöschen«. Dabei soll nichts vertuscht und nichts beschönigt werden, was fehlerhaft, unchristlich und in übler Absicht betrieben worden ist. Aber deshalb gilt doch uneingeschränkt, was Jesus wollte: »Ich bin gekommen, zu suchen und selig zu machen ...!«

6. Sonntag nach Trinitatis

Annäherungen an den Predigttext Jesaja 43,1–7

Arbeitskreis Gottesdienst der St. Jürgen-Gemeinde Lübeck

Gespräch von nichttheologischen TeilnehmerInnen einer Gottesdienstvorbereitungsgruppe

A: Mich sprechen zuerst die Bilder von Wasser und Feuer an.

B: Aber so etwas kommt in Wirklichkeit nicht vor. Im Feuer verbrenne ich doch.

A: Ich erinnere mich aber, daß gerade dieses Wort jemanden aus einer schweren Lebenskrise geholfen hat. Es gibt Mut.

D: Das finde ich auch. Wir brauchen Bilder, die quer zur Realität stehen, um zu überleben.

A: Dann steht es doch nicht nur quer zur Wirklichkeit, wenn es zum Leben ermutigt.

C: Der Text spricht mich auch noch auf etwas anderes an. Es wird von Menschen gesprochen, die aus allen Himmelsrichtungen zusammenkommen. Der Text würde sich für Friedensandachten eignen.

D: Aber der Frieden geht auf Kosten anderer. Ganze Völker werden als Lösegeld gefordert.

B: Auch der letzte Vers steht nicht für den Frieden, denn »nur die meinen Namen tragen« sollen gerettet werden. Das fördert doch Vorurteile und Egoismus.

D: Genauso reden heute Menschen, die die Flucht überlebt haben. Sie sagen: »Mir hat der Herr geholfen.« Was mit den anderen war, ist ihnen egal.

C: Das stimmt. Der Text ist nur auf den ersten Blick ein Friedenstext, im Grunde ist er keiner. Vielleicht könnte man ihn anders erzählen.

A: Wie denn?

C: Zum Beispiel könnte man statt »alle, die meinen Namen tragen« sagen »alle, die für den Frieden einstehen.« Oder wir müßten ihn ganz weglassen.

A: Nein, das wäre wegen der Bilder schade. Die möchte ich retten.

B: Die Bilder gefallen mir auch, aber die Sprache finde ich nicht passend. »Herr Jakob ...«, »Heiliger Israels ...« ...

D: Da fällt mir auf, der erste Vers ist mein Taufspruch. Ich habe Erlösung immer ganz anders verstanden. Hier ist es gar nicht innerlich, sondern politisch.

C: Es wäre ja 'mal spannend zu wissen, in welcher politischen Situation sich die Menschen befunden haben, als sie von so einer Erlösung gesprochen haben.

B: Ich finde aber nicht gut, daß Gott alles tut und in keinem Vers wird gesagt, daß die Menschen etwas tun. Ich finde, daß wir an der Erlösung mitwirken müssen.

D: Ich finde auch, daß wir mitwirken müssen, aber ich brauche auch Bereiche in meinem Leben, in denen ich nichts tun muß, wo Gott handelt.

C: Ja, aber ich habe auch im politischen Bereich oft den Wunsch, daß Gott grundlegend eingreift.
Ich weiß, es ist ein Traum, aber ich kann ihn nicht abschütteln.

A: Mir fällt noch auf, daß manche im Gottesdienst sagen könnten, daß es sich um einen Text aus dem Alten Testament handelt, und der hat nun einmal solche Vorurteile. Wir müßten in dem Gottesdienst herüberbringen, daß es im Christentum auch solche Vorurteile gibt.

Zum Gottesdienst

Reinhard Kirste

Theologisch-homiletische Skizze

Der Textabschnitt bewegt sich zwischen Vertreibung und Heimkehr, heilsgeschichtlich gesprochen: zwischen Gericht und Gnade. Der Prophet formuliert dies im Stile eines »Heilsorakels«, das einem einzelnen Menschen oder einer Gruppe für die weitere Lebensorientierung gesagt wird.
Die historischen Details dafür aufzuhellen, dürfte schwierig sein, zumal auch »Deuterojesaja« in der Forschung als nicht bekannter, aber eigenständiger Prophet nach 550 v. Chr., nicht näher zu »rekonstruieren« ist. Immerhin bewegen sich seine Prophezeiungen in der sich ankündigenden Wende, die durch die Siege des Perserkönig Kyros das neubabylonische Reich endgültig zu Fall brachten. Gehen wir einfach einmal davon aus, daß es nur noch wenige Jahre dauert, bis 538 v. Chr. Babylon fiel.
Der Gesamtzusammenhang dieses Textabschnittes (zweigeteilt in V. 1–4 und 5–7) setzt den Aufruf zur Furchtlosigkeit in den Begründungszusammenhang des Herausrufens (»Ich habe dich bei deinem Namen gerufen ...

von Norden und Süden, ja von den Enden der Erde«), der Rettung und der Heimkehr.

V. 1: Namensgebung ist schöpferisches Tun: jemanden zur Person machen, aus der Anonymität herausholen. Was eine namenlose Menschenmenge zum Volk macht, macht den unbekannten Menschen zur Persönlichkeit, ja schenkt ihm Individualität (auch wenn dieser Begriff sicher nicht aus dem hermeneutischen Schlüsselverzeichnis des Deuterojesaja, sondern der Aufklärung stammt).

V. 2: Der Name macht Geschichte möglich. Ägypten und die Wüste werden zu Ereignissen, die nicht im Sinne eines undurchdringlichen Datums ablaufen, sondern werden als Heilsgeschichte Gottes mit seinem *auserwählten* Volk qualifiziert: Ich bin mit dir, ich begleite dich, wohin du auch gehst.

V. 3: Der Name drückt eine Beziehung aus, der mit Beinamen verstärkt wird. Es sind in der Tradition Israels geprägte Worte, die den Geschichtszusammenhang seit dem Auszug aus Ägypten unmißverständlich klarmachen. In dem Begriff »der Heilige Israels«, dein Retter, klingt die absolute Verläßlichkeit Gottes mit, verstärkt noch durch das Tetragramm JHWH, der symbolisierte unaussprechliche Name des heiligen Gottes.

V. 3b–4: Es geht um einen Herrschaftswandel, der durch Wahl, präziser durch Erwählung stattfindet. Da aber nicht alle gewählt werden, sondern einige aus-gewählt werden, sind andere bereits ab-gewählt. Dieses ist die Schattenseite der Erwählung, daß Fremde die Kosten der eigenen Erwählung tragen müssen. In diesem Falle haben Ägypten, Kusch und Seba das Nachsehen. Wie wohl diese Länder die Erwählungsabsichten Gottes beurteilten?

V. 5–7: Hintergrund dieser Verse ist die Zusage der Heimkehr aus dem babylonischen Exil. Das historische Exil wird zum Typus aller Exile und erzwungener Auswanderungen.

V. 7: Das Ziel wird mit umfassendem Frieden beschrieben. Dabei gehören Schöpfung (V. 1) und Erlösung (V. 7) zusammen. In dieser Spannung bewegt sich das Heilswerk Gottes. Die menschliche Tätigkeit an diesem Heilswerk ist, Gott die Ehre zu geben, seinen Namen zu preisen.

Die Verbindung zur Taufe und neue Identitäten mit der Namensgebung:
Mir fällt auf, daß es gar nicht so selten ist, einen neuen Namen (anstelle oder neben dem alten) und damit ein Stück neuer Identität zu bekommen. Dies geschieht im christlichen Mönchtum nach Ablegung der Gelübde und im Islam, wenn man aus einer anderen Religion zum Islam übertritt. Dann erhält man einen neuen Namen bzw. führt neben seinem bisherigen (Vor-)Namen noch einen weiteren (islamischer Herkunft). Dies zeigt an, daß hier eine neue Identität zugesprochen und bewirkt wird.

Die Tatsache, daß im Text der Gottesname so eng mit dem Namensruf an den Menschen verbunden ist, bringt mich auf eine Besonderheit des Islam,

die unter dem Stichwort der »99 schönen Namen Gottes« bekannt ist. Gott hat (im Sinne der Zahlensymbolik) eigentlich 100 Namen, der hundertste aber ist dem Menschen nicht zugänglich, denn Gott ist der Heilige und bei aller Barmherzigkeit, doch der Unnahbare. Es wird dabei z. B. auf Koran 7,179 und 20,7 Bezug genommen: Gott gehören die schönsten Namen, mit diesen Namen soll man ihn preisen, z. B. der Schöpfer, der Gerechte, der Einzige, der Unendliche, der Barmherzige, der Vergebende usw.
Sehr nachdenklich spricht der der Mystik nahestehende iranische Theologe *al-Ghazali* (gest. 1111) diesen Sachverhalt an. Die 99 Namen sind menschliche Versuche, von der Erkenntnis Gottes zu reden, es sind Anthropomorphismen. Dennoch: In den schönen Namen Gottes wird Gott selbst erkannt:

»Du weißt auch, daß man richtigerweise sagen kann: ,Niemand anders als Gott kennt Gott', und daß jemand auch zu Recht sagt ,Ich kenne nur Gott'. Denn in der Existenz gibt es nichts außer Gott - groß und wunderbar - und Seine Werke. Und wenn jemand Seine Werke insoweit betrachtete, als es Seine Werke sind, und die Betrachtung wäre so konzentriert darauf, daß er sie nur soweit sähe, als da sind Himmel oder Erde oder Bäume, aber insoweit wie Er sie gemacht hat, dann würde sein Wissen nichts anderes als die göttliche Gegenwart umfassen, so daß es für ihn möglich würde zu sagen: ,Ich weiß nur Gott und ich sehe nur Gott - groß und wunderbar'.«

Übersetzung von mir, a.a.O. S. 46 aus: Al-Ghazali: The ninety-nine beautiful names of God. Übers. mit Anm. und Hg. David G. Burrell/Nazih Daher. Cambridge: The Islamic Society 1992, 203 S.

In den Wüsten Arabiens und Nordafrikas wird dazu gern diese Geschichte erzählt:
Warum schiebt das Kamel immer etwas arrogant die Unterlippe vor?
Es weiß mehr, als der Mensch weiß.
Was weiß es denn mehr?
Es kennt den hundertsten Namen Gottes.

Nebenbei: Diese Geschichte erzählt nicht nur von der Wertschätzung Gottes, sondern auch von der Wertschätzung des Kamels als lebensnotwendiger Begleiter für die Wüstenwanderer.

In den Geschichten der gesamten Bibel hängen Namen und Lebensgeschichte oft sehr eng miteinander zusammen. Sei nur an die Berufungsgeschichten, z. B. des Jakob - Samuel, Jesaja, Jeremia, Amos, Jona, der Jesusjünger und Jüngerinnen, des Zachäus und des Kämmerers aus Äthiopien gedacht. Dabei fallen eine Reihe von Polarisierungen bei den Namensbenennungen auf:
Abram - Abraham, verbunden mit der Verheißung, ein großes Volk zu werden, Genesis 12,1-9.
Jakob - Israel verbunden mit der Geschichte: Himmelsleiter und Pniel, Genesis 32,27-31.
Saulus - Paulus verbunden mit dem Damaskuserlebnis Apostelgeschichte 9 (»vom Saulus zum Paulus werden«).

Der Name ist notwendig zum (Wieder)Erkennen; er zerreißt die Anonymität und hindert das Absinken in die Bedeutungslosigkeit, darum spricht Gott den Menschen mit Namen an. Natürlich bedeutet das auch, daß mit dem Namen Macht verbunden ist, Macht über einen Menschen zu bekommen, hat viel mit dem Namen zu tun, wie das Märchen von »Rumpelstilzchen« zeigt.

Taufe und Identität: Der Bezug zur christlichen Taufe im Sinne neuer Ichwerdung (nicht speziell auf die Kindertaufe bezogen), der sich nicht nur vom Erwählungsdenken des Textes her nahelegt, sondern auch von der Tatsache, daß Jesaja 43,1 ein beliebter Taufspruch ist, könnte für die Gottesdienst wie in der Predigt ausgeführt werden. Es bietet sich geradezu an, auch bei einem nicht mit einer Taufe verbundenen Gottesdienst auf die Bedeutung der Taufe einzugehen, etwa unter den folgenden Gesichtspunkten, die besonders in V. 1,2,7 ihren Anhalt haben.

Die Taufe erinnert uns daran, daß wir ein Lebenselixier brauchen (s. u. »Der Kleine Prinz«. Wasserkraft und Kraft des Lebens sind zwei Seiten derselben Sache; Selbstfindung und Identität kommen mit diesen Begriffen bzw. den dazugehörigen Bildern zum Ausdruck. Das Wasser, das über den Täufling gegossen wird, ist Sichtbarwerdung des Lebens, das ein Geschenk Gottes ist. Es ist keine Überflutung und Zunichtemachung der Existenz (vgl. V.2a).

»Die ‚Wasser der Ruhe' sind schon in der Bibel das Bild für das Leben, das die Sorgen der bloßen Existenzsicherung abgestreift hat und aus einem tieferen ‚Quell' leben gelernt hat; ebenso sind die ‚Wasser des Lebens' in der Sprache der Religion wie in den Erzählungen der Märchen ein häufiges Symbol, um zu zeigen, wie Menschen von der Äußerlichkeit ihrer Lebenseinstellung hinüberfinden zu einem innerlichen Neubeginn. Wiedergeburt und Reinigung, Getragenwerden und Ursprünglichkeit, Tiefe und Fruchtbarkeit verbinden sich mit dem Bild von Wasser und Brunnen. Im letzten aber bedeutet das Bild vom ‚Brunnen' das endgültige Abstreifen aller Hüllen, die Einwilligung in den Tod, die Heimkehr zu den Sternen, und der ‚kleine Prinz' weiß dies.«

(Eugen Drewermann (Text)/ Ingritt Neuhaus (Farbbilder): Das Eigentliche ist unsichtbar. Der Kleine Prinz tiefenpsychologisch gedeutet. Freiburg u. a.: Herder 1990, 13. Aufl. 1990, S. 40)

Wir brauchen Kraftquellen: Liebevoll mit dem Namen angerufen und damit ernstgenommen zu werden, ist eine solche Kraftquelle. Nur wenn man Kraft schöpfen kann, kann man zu sich selbst finden. Die Zuflüsse göttlicher Gnade müssen »offengehalten« werden, damit ein Mensch nicht verkümmert.

In wessen Namen wir etwas tun, sagt sehr viel über unser Tun (»Auf wessen Rechnung wird gewirtschaftet?«), und umgekehrt: Unser Tun gibt Hinweise auf die Quellen unseres Tuns. Zwei Bilder mischen sich bei der »Quelle des Lebens«, das der Wasserquelle und das der Lichtquelle. Die Lichtquelle wird als erleuchtend und wärmend verstanden (kein Flammenmeer, V. 2b).

Wie wir faktisch leben, welche Zukunftsmöglichkeiten wir für unsere Kinder eröffnen, sagt viel darüber aus, wer wir wirklich sind, sagt etwas darüber aus, ob wir uns gefunden haben oder ob wir fremdbestimmt sind.

Homiletische Zielrichtung: Ich sehe in diesen Versen sehr intensive, die Identität des einzelnen, wie eine ganze Gruppe stärkenden Elemente, die sich am Namen festmachen. Angesichts der vielen Möglichkeiten und Assoziationen, die der Text eröffnet, entscheide ich mich exegetisch insgesamt, die Schwerpunkte auf V. 1 und V. 7 zu legen. Das bedeutet inhaltlich über die Selbstidentifizierung durch den Namen nachzudenken und die Anregungen aus den »Annäherungen« (s. o.) aufzunehmen: »Die meinen Namen tragen« muß universal verstanden werden: *Alle* tragen Gottes Namen in sich. Im Handeln für den Frieden wird der Name Gottes im Menschen sichtbar. Es darf nicht sein, daß Frieden und eigene Identitätsfindung auf Kosten anderer stattfinden; weder durch Lösegelder, Schutzgelder o. ä. Die Konsequenz heißt dann: Der Namensanruf Gottes ist der Ruf zu sich selbst. In die Tiefen des eigenen Selbst hinabsteigen, heißt, auf dem Wege zu sein, sich selbst zu finden und damit Gott zu finden. Auf diese Weise finde ich »heim«.
Es lockt mich darüberhinaus, die Selbstfindungs- und Heimkehrtendenz von Jesaja 43,7 an drei Geschichten zu verdeutlichen, die m. E. auf derselben Ebene liegen, nur bestimmte Aspekte noch verschärfen:
Rumpelstilzchen oder die Macht des Namens
Colombin oder bei sich bleiben
Der Durst des Kleinen Prinzen oder bei sich selbst ankommen.

Vorschläge zur Liturgie

Thema des Gottesdienstes: *Sich selbst finden – Gott finden*

Einleitung/Begrüßung
Wir kennen uns. Viele von uns kennen sich mit Namen, haben sich vielleicht schon vor dem Gottesdienst begrüßt. Wir kennen auch den, in dessen Namen wir diesen Gottesdienst feiern. Wir beginnen ganz familiär, gehören wir doch alle zur Familie Gottes: Im Namen des Vaters und des Sohnes und des Heiligen Geistes.
Wir erinnern uns an Namen: Lustige Namen, Spitznamen, beleidigende Namen, Namen als Hoffnungsträger. Wir erinnern uns auch, daß wir den Namen »Christen« tragen. Die Taufe im Namen des dreieinigen Gottes ist bis heute das Symbol der Erinnerung, daß Christus uns Orientierung für unser Leben gibt.
Wenn wir uns an die Taufe erinnern, erinnern wir uns auch an das Wasser der Taufe, Wasser als Symbol des Lebens, unser aller Leben. Wir taufen mit Wasser, weil Wasser Leben ist. Wir freuen uns, weil die Erinnerung an das

Wasser nicht nur an die Kraft des Lebens erinnert, sondern daß mit der Taufe etwas Neues entsteht: Taufe im Sinne neuer Ichwerdung, Selbstfindung, ein neues Leben anfangen.
Die Taufe ist also unsere Sache, und zwar in dem Sinne, daß wir zu uns selbst Ja sagen können, weil Gott zu uns Ja gesagt hat. Ich denke, das ist Grund genug zur Freude.

Lieder
Ihr seid das Volk, das der Herr sich ausersehn ... Halleluja ... (Mein Liederbuch für heute und morgen. Notenausgabe. Düsseldorf: tvd 1989[6], B 20)
Dank, dank dem Herrn ... (EKG 462)
Du hast vereint in allen Zonen ... (EKG 486, westfälischer Regionalteil)
Ich bin getauft auf deinen Namen ... (EKG 152)
Herr, wir bitten: Komm und segne uns (Kirchentagsliederheft DEKT Düsseldorf 1985, S. 55)
Laudatio si, o mio Signor ... (Mein Liederbuch für heute und morgen, B 10)
Wenn ich, o Schöpfer, deine Macht (EKG 498, westfälischer Regionalteil)

Gebet

Herr, ich will sein wie das Wasser,
das sich in den Flüssen bewegt,
die Felder befruchtet,
überall Leben bringt.

Herr, ich will sein wie das Wasser,
das jeden Schmutz abwäscht
und jedem Menschen
neue Hoffnung gibt.

Herr, ich will sein wie das Wasser,
das die vielen Boote trägt,
mit den Menschen
und ihren Lasten, um die Fahrt
durchs Leben zu erleichtern.

Herr, ich will sein wie das Wasser,
das der Richtung folgt,
die ihm Gott wies,
um in der Welt deinen Auftrag
zu erfüllen:
den Menschen zu helfen, mehr
Mensch zu sein.

Herr, ich will sein wie das Wasser,
das in Verbindung mit allen
Meeren steht
und uns lehrt, alle Menschen
anzunehmen
als Brüder und Schwestern,
als Kinder desselben Vaters.

(Aus: Adalbert L. Balling: Unseren täglichen Reis gib uns heute. Gebete aus der Dritten Welt. Verlag Herder, Freiburg - Basel - Wien, 1984.)

Segen
Die Menschenfreundlichkeit Gottes begleite dich,
sein Frieden ermutige dich,
seine Liebe lasse dich heranwachsen zu einem Menschen Gottes.
Aus der Kraftquelle Gottes sollst du schöpfen können Tag für Tag,
damit du dich selbst findest und bei dir bleibst.
Nur so wirst du selbst zu einer Quelle der Freude, der Liebe

und der Hoffnung für andere.
Die Kraftquelle Gottes sei Orientierungspunkt für dein Leben.
Er hat dich gerufen.
Vor ihm bist du keine Nummer,
er hat dir einen Namen gegeben,
seinen Namen.
Du bist sein Bild, bleibe es!
Das ist der Segen,
der Segen göttlicher Schöpferkraft, der Segen göttlicher Menschenliebe,
der Segen, der menschlich Frieden macht. Amen.

Vorschlag zur Predigt

Gedankenschritte

Identifikationen oder die Macht des Namens
Jeder hält seinen Namen für wichtig und identifiziert sich auch damit, sowohl mit seinem Nachnamen, Vornamen oder Spitznamen. Man kann daran erinnern, daß sich viele an Türmen oder auf Wänden »verewigen« oder Namen in Baumrinden ritzen. Auch diese Situation ist fast jedem geläufig: Man steht irgendwo an einem Grenzhäuschen, der Beamte blickt prüfend in den Paß und auf das Paßbild, dann wieder auf den vor ihm Stehenden. Wenn der Uniformierte meint, denjenigen im Paß mit dem Paßinhaber, der Paßinhaberin identifiziert zu haben, darf man weitergehen. Solche Identifikationen haben sehr viel mit unserem Namen zu tun, werden wir doch manchmal noch gefragt, ob wir der sind, dessen Name im Paß steht. Als es noch die DDR-Grenze gab, gehörte es quasi zum Ritual der dortigen Grenzer, ausdrücklich noch einmal nach dem Namen zu fragen. Allein diese kleinen Szenen erinnern schon daran, daß nicht nur Wissen Macht ist, sondern daß die Kenntnis des Namens Macht bedeuten kann und Lebensgeschicke weitgehend verändern kann. Ein berühmtes Beispiel ist das Grimmsche Märchen vom Rumpelstilzchen:
Kurze Erzählung von Rumpelstilzchen unter folgenden Gesichtspunkten:
1. Sich in der Not an jemanden verkaufen müssen
2. In Abhängigkeit geraten
3. Die Gefährdung vergessen
4. Mit der Macht der Vergangenheit konfrontiert werden
5. Wissen des Namens ist Macht: »Ach, wie gut, daß niemand weiß, daß ich Rumpelstilzchen heiß ...«

Im Taufritus erleben wir strukturell etwas Ähnliches, aber völlig positiv gewendet. Es handelt sich um die Bezeichnung mit dem Kreuzzeichen, wo der Täufling sozusagen den Christennamen erhält (hier kann dieser Ritus erzählt werden, s. u. bei »Kontexte«).

Die Schwierigkeiten, zu sich selbst zu kommen.

Wie schwierig das ist: »Zu sich kommen und bei sich bleiben«, das erfahren wir an zwei anderen Geschichten (s. u. bei »Kontexte«):
In den Geschichten von Colombin und dem Kleinen Prinzen.
Ein Mensch gilt durch das, was er als Persönlichkeit ist, nicht durch das, was andere von ihm erwarten. Nicht das Leistungsprinzip zählt, sondern es riskieren, den eigenen Weg zu gehen.

Eugen Drewermann schreibt dazu: »In einem jeden Menschen wartet das Gottesantlitz auf seine Erscheinung; in einem jeden Menschen gilt es, das Kunstwerk göttlicher Formung zu finden, und ein jeder Mensch, ob *Leonardo, Mozart, Shakespeare* oder du und ich, trägt tief in sich ein Bild, eine Musik, ein Wort der Ewigkeit, das nur in ihm sich auszusprechen, sich auszudrücken, sich auszumalen vermag. In dieses Ewige und Unzerstörbare, das in den Augen der Geliebten aufscheint wie die Sterne des Himmels auf dem klaren Spiegel eines ruhigen Sees, gilt es hinabzutauchen bis zum tiefsten Grund. Nicht die ‚Aktion', die ‚Strenge', die ‚Gewalt', der ‚Wille' - nicht *Michelangelo* am Marmorblock -, die Kunst des geduldigen Schauens, des verstehenden Hörens, des zärtlichen Einsseins und des unwillkürlichen Einklangs des Herzens erwecken den ‚Garten' des Menschlichen zu seiner schönsten Blüte. Nicht zu ‚formen' und zu ‚verändern' gilt es daher, sondern reifen zu lassen und ins Licht heben.«
(E. Drewermann (Text)/ Ingritt Neuahaus (Batikbilder): Das Eigentliche ist unsichtbar. Der Kleine Prinz tiefenpsychologisch gedeutet. Freiburg: Herder 1990, 103 f.

Zu sich selbst kommen und damit zu Gott kommen

Diese Erfahrung, auf die Quelle zu stoßen und damit bei sich selbst anzukommen, hat schon der Sänger des 36. Psalms gemacht. Es wird Psalm 36,6-10 nach Luther zitiert.
Der Sänger benennt die lebensspendende Quelle: Gott. Er findet sich selbst, er findet Gott. Zur Quelle kommen, heißt, eine neue Identität finden. Das führt zu großer Dankbarkeit, denn mit angeknackster Identität herumzulaufen, heißt in die Schutzlosigkeit entlassen zu sein: Vor Leuten, die einen ausnutzen, übers Ohr hauen usw.
Identität hat auch mit Menschenwürde zu tun, wie das folgende Beispiel zeigt: Es gibt Heime für Flüchtlinge, geschönt »Aufnahmeeinrichtung für Asylbewerber« genannt, die in ihren Zimmern an den Schränken keine Türen haben. Die Flüchtlinge können also ihre persönlichsten Sachen nicht vor neugierigen Augen wegschließen. Begründet wird dies verwaltungsorganisatorisch. Wahrscheinlich steckt aber dahinter, im Zweifelsfalle, d. h. im Kontrollfalle ohne richterlichen Durchsuchungsbefehl mit der Polizei die Habseligkeiten der Flüchtlinge durchsuchen zu können. So wird Menschenwürde mißachtet und werden menschliche Identitäten zerstört. Dies halte ich für ein makabres Zeichen. Menschen in Machtpositionen vergessen, daß jeder Mensch ein Abbild des Heiligen, ein Abbild Gottes ist. Das heißt auch, es gibt selbst in der Demokratie genügend Möglichkeiten, ohnmächtigen Menschen die eigene Lebensquelle zuzuschütten. Ein eigenartiges Verständnis von Demokratie = Herrschaft des Volkes!

Angesichts solcher Wüsten gibt der kleine Prinz nicht auf, und der Psalmist taucht in die Brunnentiefe des Gebets hinab: »In deinem Licht sehen wir das Licht«.
Es kann also nicht angehen, daß wir unsere Persönlichkeit auf Kosten anderer ausleben. Es gibt keine speziellen Besitzer der Quellen. Gott ist die Quelle. Und alle, die seinen Namen tragen, haben freien Zugang zu dieser Quelle. Und alle, ausnahmslos alle tragen Gottes Namen, sind seine Schöpfung und sein Bild. In jedem Menschen spiegelt sich darum die Quelle Gottes, sicher auf unterschiedliche Weise und unterschiedlich klar. Aber die Entdeckungsfahrt in die eigene Brunnen-Tiefe wird auch verschüttete Zugangsmöglichkeiten wieder freilegen, damit die Quelle wieder sprudeln kann. Die Quelle des Lebens gehört allen Menschen. Das erzählt uns der »Kleine Prinz«, das erzählt uns aber auch der Prophet Deuterojesaja, wenn wir auf das Einklagen von Lösegeldern verzichten, wenn wir darauf verzichten, unsere Identität auf Kosten anderer (wieder) herzustellen.

Meditativer Predigtschluß
Erinnern wir uns an Rumpelstilzchen: Durch die schlichte Nennung des entscheidenden Namens wurde Gewalt zerbrochen. Erinnern wir uns an Colombin, der so blieb wie er war und seine Identität nicht durch Ansehen, macht, Wissen oder Schönheit zu sichern versuchte. Erinnern wir uns an den Kleinen Prinzen: Endlich konnte er aus dem Brunnen trinken, von dem Wasser, das aus der Tiefe geschöpft wurde.
Wasserquellen und Lichtquellen,
sich im anderen selbst begegnen,
das innere Licht leuchten lassen,
Gottes Licht leuchten lassen,
Licht auf deinem Wege,
Licht auf unserem Wege,
sich selbst entdecken
auf der Lebenswanderung,
selbst werden durch das, was ich er-lebe.
Und weil ich erlebe, daß zu mir »Ja« gesagt wird,
verändert mich das Licht und macht mich neu:
Ja, bei dir, Gott, ist die Quelle des Lebens,
und in deinem Lichte sehen wir das Licht. Amen.

Kontexte

Die Bezeichnung mit dem Kreuzzeichen in der Taufhandlung
Wenn man einen Sonntagsgottesdienst als Taufgottesdienst unter Heranziehung von Jesaja 43,1–7 gestalten wil, empfiehlt es sich, die hier genannten Taufelemente besonders in den Mittelpunkt zu stellen: Namensbenennung im Namen des dreiei-

nigen Gottes, Kreuzzeichen mit Tauföl, Besprengen mit Wasser, Taufkerze entzünden, besondere Eltern- und Kindersegnung.
In den Segnungsgottesdiensten, auch auf den letzten Kirchentagen, sind inzwischen eine Reihe von Erfahrungen gesammelt worden, wie die Segnung, dazu gehört auch die Bezeichnung mit dem Kreuzzeichen, vor sich gehen kann. Hier ein Vorschlag während eines Taufgottesdienstes:
Pfarrerin und Pfarrer gehen auf das Kind zu, nehmen einige Tropfen Aromaöl (z. B. Myrte, Zypresse, Eukalyptus, Lavendel) auf die Finger und streichen sie auf die Brust und die Stirn des Täuflings. Dazu kann man etwa folgende Worte sprechen:
»Nimm hin das Zeichen des Kreuzes an der Brust und an der Stirn.
Der Duft des Öls erinnert dich und deine Eltern daran, daß du ein Geschenk Gottes für deine Mitmenschen bist. Das milde Öl zieht in deine Haut. So kannst du spüren, wie die Liebe Gottes in dir Wohnung nimmt. Seine Liebe soll in dir wachsen. Du sollst ein Zeichen seiner Liebe sein.
Die Heilkraft des Öls ist Zeichen der erlösenden Kraft Gottes, wie sie in Jesus ganz menschlich wurde. Aber das Öl riecht nicht nur gut; es hat die Kraft des Heilens in sich. Die Heilkraft des Öls ist Gabe an Dich und Heilmittel für ein erstarkendes Leben, dein wachsendes Leben. So möchte Gott, daß du zu dir kommst und bei dir bleibst. Amen.«

Colombin
Am Hofe gab es starke Leute und gescheite Leute, der König war ein König, die Frauen waren schön und die Männer mutig, der Pfarrer war fromm und die Küchenmagd fleißig - nur Colombin, Colombin war nichts.
Wenn jemand sagte: »Komm, Colombin, kämpf mit mir«, sagte Colombin: »Ich bin schwächer als du.«
Wenn jemand sagte: »Wieviel gibt zwei mal sieben?«, sagte Colombin: »Ich bin dümmer als du.«
Wenn jemand sagt: »Getraust du dich über den Bach zu springen?«, sagte Colombin: »Nein, ich getraue mich nicht.«
Und wenn der König fragte: »Colombin, was willst du werden?«, antwortete Colombin: »Ich will nichts werden, ich bin schon etwas, ich bin Colombin.«
(aus: Peter Bichsel: Kindergeschichten. © 1969, 1990 by Luchterhand Literaturverlag, München.)

Der Durst des kleinen Prinzen
Der kleine Prinz sagt: »Ich habe Durst ... suchen wir einen Brunnen ...« Ich machte eine Gebärde der Hoffnungslosigkeit: es ist sinnlos, auf gut Glück in der Endlosigkeit der Wüste einen Brunnen zu suchen. Dennoch machten wir uns auf den Weg. Als wir stundenlang dahingezogen waren, brach die Nacht herein, und die Sterne begannen zu leuchten. Ich sah sie wie im Traum, ich hatte ein wenig Fieber vor Durst. Die Worte des kleinen Prinzen tanzten durch mein Bewußtsein: »Du hast also auch Durst?«, fragte ich ihn. Er antwortete nicht auf meine Frage. Er sagte einfach: »Wasser kann auch gut sein für das Herz ...« Ich verstand seine Worte nicht, aber ich schwieg. Ich wußte gut, daß man ihn nicht fragen durfte. Er war müde. Er setzte sich. Ich setzte mich neben ihn ...
»Es macht die Wüste schön«, sagte der kleine Prinz, »daß sie irgendwo einen Brunnen birgt.« ... Und während ich so weiterging, entdeckte ich bei Tagesanbruch den Brunnen ... Der Brunnen, den wir erreicht hatten, glich nicht den Brunnen der Sahara. Die Brunnen der Sahara sind einfache, in den Sand gegrabene Löcher. Die-

ser da glich einem Dorfbrunnen. Aber es war keinerlei Dorf da, und ich glaubte zu träumen. »Das ist merkwürdig«, sagte ich zum kleinen Prinzen, »alles ist bereit: die Winde, der Kübel und das Seil …«
Er lachte, berührte das Seil, ließ die Rolle spielen. Und die Rolle knarrte wie ein altes Windrad, wenn der Wind lange geschlafen hat. »Du hörst«, sagte der kleine Prinz, »wir wecken diesen Brunnen auf, und er singt.« … »Ich habe Durst nach diesem Wasser«, sagte der kleine Prinz, »gib mir zu trinken.« Ich hob den Kübel an seine Lippen. Er trank mit geschlossenen Augen. Das war süß wie ein Fest. Dieses Wasser war etwas ganz anderes als ein Trunk. Es war entsprungen aus dem Marsch unter den Sternen, aus dem Gesang der Rolle, aus der Mühe meiner Arme. Es war gut fürs Herz, wie ein Geschenk.
(Antoine de Saint-Exupéry: Der Kleine Prinz. © 1956 by Karl Rauch Verlag KG, Düsseldorf, S. 55–58 in Auszügen)

7. Sonntag nach Trinitatis

Annäherungen an den Predigttext Lukas 9,10–17

Susanne Gröpler

Notizen aus einem Gespräch mit Gemeindegliedern.

An diesem Text fällt auf, daß nur einmal von Aposteln die Rede ist, sonst immer von Jüngern.
Beim ersten Lesen erscheint der Abschnitt sehr rätselhaft. Aus fünf Broten und zwei Fischen wird mehr, aber alle werden satt. Die Apostel (warum nicht Jünger?) denken menschlich, praktisch, nur an materielle Dinge, nur an Essen und Schlafen. Jesus denkt göttlich, an das Seelenheil des Menschen.
Doch er schickt die Menschen jetzt nicht weg, stillt ihren »Hunger nach Liebe«, schenkt das »Brot des Lebens«. Wegschicken kann auch kränken, ein Zeichen der Nicht-Beachtung sein. Das wußte Jesus: Indem er vom Reich Gottes spricht, teilt er Brot aus. Jesus dankt – wohl für die göttliche Kraft, die er bekommen hat. Er kann so den Hunger der Menschen stillen. Wir sehen es als eine Heilsgeschichte. Jesus heilt die Seelen der Menschen. Er spricht vom Anbrechen des Reiches Gottes, z. B. Haß macht den Menschen kaputt, das anbrechende Reich Gottes wird ein friedvolles sein, es verspricht Frieden. Nun geschieht das Wunder: Brot und Fisch werden umgewandelt in geistige Nahrung. Nach menschlichem Verstand werden 5000 Menschen nicht von fünf Broten und zwei Fischen satt.
Den Gedanken des Teilens entdecken wir auch in der Geschichte: Die Jünger teilen das Brot aus, jeder bekommt ein Stück. Es bleibt viel übrig, mehr als vorher da war.
Ein Sprichwort sagt: »Geteilte Freude ist doppelte Freude«. Hier ist es die Freude auf das Reich Gottes. Diese Freude wird geteilt im Brot des Lebens. Deshalb bleibt mehr übrig.
Die Menschen haben etwas, wovon sie zehren können, auch im Alltag noch. Es ist eine bleibende Freude, die nicht so schnell erlischt.
Im Kleinen wie im Großen ist es auch das Gefühl der Geborgenheit: Du bist da, dich kann ich liebhaben. Ich werde gebraucht, ich gebe was und du bist da für mich.

Genauso ist es mit der sonntäglichen Gemeinde: Hier kann ich mich geborgen fühlen und dieses Gefühl nehme ich in den Alltag mit hinein. Das ist auch meine Erfahrung.
Dennoch gibt es die perfekte Gemeinde nicht, einige stehen noch draußen (werden noch nicht satt). Mit der Öffnung tun sich viele Gemeinden noch recht schwer.

Zum Schluß hörten wir folgende Geschichte (ZGP 2/87, 24): »In der Jakobstraße in Paris liegt ein Bäckerladen, da kaufen viele Menschen ihr Brot. Der Besitzer ist ein guter Bäcker. Aber nicht nur deshalb kaufen die Menschen des Viertels dort gern ihr Brot. Der alte Bäcker weiß, daß man Brot nicht nur zum Sattessen braucht. Und gerade das gefällt den Leuten. Manche erfahren das zum ersten Mal bei dem Bäcker in der Jakobstraße - zum Beispiel der Autobusfahrer Gèrard, der einmal zufällig in den Brotladen in der Jakobstraße kam. - »Sie sehen bedrückt aus«, sagte der alte Bäcker zum Busfahrer. »Ich habe Angst um meine kleine Tochter«, antwortete der Busfahrer. »Sie ist gestern aus dem Fenster gefallen vom 2. Stock!« »Wie alt?«, fragte der Bäcker. - »Vier Jahre« - Da nahm der alte Bäcker ein Stück vom Brot, brach zwei Bissen ab und gab das eine Stück dem Busfahrer. »Essen Sie mit mir«, sagte der alte Bäcker zu Gèrard, »ich will an Sie und Ihre kleine Tochter denken«. Der Busfahrer hatte so etwas noch nie erlebt, aber er verstand sofort, was der alte Bäcker meinte, als er ihm das Brot in die Hand gab. Und sie aßen beide ein Stück und schwiegen und dachten an das Kind im Krankenhaus. Zuerst war der Busfahrer mit dem alten Bäkker allein. Dann kam eine Frau herein. Sie hatte auf dem nahen Markt zwei Tüten Milch und Blumen geholt und wollte nun eben noch ein Brot kaufen. Bevor sie ihren Wunsch sagen konnte, gab ihr der alte Bäcker ein kleines Stück Weißbrot in die Hand und sagte: »Kommen Sie, essen Sie mit uns: Die Tochter dieses Herrn liegt schwer verletzt im Krankenhaus - sie ist aus dem Fenster gestürzt. Vier Jahre ist das Kind. Der Vater soll wissen, daß wir ihn nicht allein lassen.« Und die Frau nahm das Stückchen Brot und aß mit den beiden.

Zum Gottesdienst

Gottfried Brezger

Theologisch-homiletische Skizze

Ein Wunder oder eine Vision?

In unserer Zeit fehlt es an Visionen. Selbst säkulare Triebfedern wie der Fortschritts-Optimismus scheinen erlahmt zu sein. Anstelledessen wird Zweckoptimismus politisch zur Schau getragen, und die Parole ›Wandel durch Handel‹ hält den Handelnden auf dem Weltmarkt den Rücken frei gegenüber den weltweiten Menschenrechtsverletzungen und ihren ersten Opfern, den Armen und unter ihnen den Frauen und Kindern. Das ›Ego‹ hat Konjunktur, auch im nationalen und gesellschaftlichen Bewußtsein.

Und nun diese Wundergeschichte: Fünftausend Menschen (warum werden nur die Männer gezählt? Matthäus erwähnt außerdem Frauen und Kinder) werden satt von fünf Broten und zwei Fischen. Rudolf Bultmann (Die Geschichte der synoptischen Tradition, Göttingen 1967[7], S. 231) katalogisiert die Erzählungen von der ›wunderbaren Speisung‹ unter ›Naturwunder‹. Für mich ist das eine falsche Fährte. Es geht doch in diesen Geschichten nicht um die wunderbare Vermehrung von Fischen und Brot, sondern um die wunderbare Veränderung der dabei beteiligten Menschen, und nicht vom plötzlichen *Reichtum der Armen* wollen sie erzählen, sondern vom *Reich Gottes für die Armen.*
Bei der Vorbereitung zum ›*Projekt Kinderabendmahl*‹ in unserer Gemeinde erklärt ein katholischer Vater (siehe dazu unter »Kontext«!) knapp und verständlich: »Bei der Eucharistie werden nicht die Elemente, sondern die Menschen gewandelt«. Diese Einsicht schmälert nicht das ›Geheimnis des Glaubens‹ – im Gegenteil: als Kommunizierende sind wir dem Reich Gottes auf der Spur. In unserer Geschichte spricht Jesus nicht nur vom Reich Gottes, sondern er handelt auch entsprechend: heilend und teilend. Fisch und Brot wenden die Not und sind zugleich Zeichen der Gegenwart des Reichs Gottes unter uns. Das ist viel mehr als ein Wunder, das ist eine Vision. Zu einer mittelalterlichen Darstellung der Geschichte schreibt Erhard Domay (Zeitschrift für Gottesdienst und Predigt 5/87, S. 39): »Es sind nur zwei Fische und fünf Brote da, aber nachdem Jesus das Segenswort darüber gesprochen hat, wird dieses wenige Lebensspendende immer mehr, so daß niemand leer ausgeht. Das ist ein kräftiger Hoffnungsimpuls, ja ein Fanal für eine Zeit, in der die reichlich vorhandenen Lebensgrundlagen und Ressourcen durch rücksichtslose Ausbeutung rasch abnehmen.«

»Gebt ihr ihnen zu essen!« – wie wir in die Vision verwickelt werden
Mir gefällt der Realismus der Jünger, die doch eigentlich überraschende Wendungen gewohnt sein müßten. Sie überschlagen ihre Mittel: »wir haben nicht mehr als fünf Brote und zwei Fische« – das ist die nüchterne Bilanz. Mit Nachschauen und Nachrechnen hat schon manches Nachdenken begonnen. Auch in der verantwortlichen Haushalterschaft im Umgang mit den finanziellen und sonstigen Ressourcen in der Gemeinde und Kirche. Da ruft Jesus seine Jünger in die Verantwortung: »Gebt *ihr* ihnen zu essen!« Jesus durchbricht die Denkblockade durch eine neue Praxis, die Praxis des Teilens, in die er seine Jünger einweist (vgl. Wolfhart Koeppen in Predigstudien zur Perikopenreihe V, 1983 S. 154). Er sagt zu ihnen nicht: »Paßt mal auf, so geht das« und zelebriert ein Wunder, sondern organisiert den Wandel Schritt für Schritt: »Laßt die Leute in Gruppen zu je fünfzig lagern!« Das *Volk Gottes* (Lukas spricht hier vom *laos,* nicht wie im Kapitel davor vom *ochlos)* braucht – fast wie beim Kirchentags-Feierabendmahl – Verantwortliche und überschaubare Strukturen, in denen jede und jeder seinen und ihren Platz findet. Diese Erfahrungen des Dazugehörens auch

der sonst an den Rand Gedrängten wird *im Volk Israel* in der *Wüsten-Erinnerung* wachgehalten.

»Da nahm er, dankte, brach und gab« – von der Erkenntnis zum Bekenntnis
Vielleicht werden manche der Gottesdienstbesucher die Einsetzungsworte zum Abendmahl bei unserer Geschichte heraushören: »Da *nahm* er die fünf Brote und zwei Fische, und sah auf zum Himmel und *dankte, brach sie* und *gab* sie den Jüngern ...« Die hinter unserer Geschichte stehende Diktion der Einsetzungsworte zeigt sich auch darin, daß Lukas das Brotbrechen erwähnt, nicht aber die Verteilung der Fische. Die Nähe zum Abendmahl ist gegeben, und sie kann verstärkt werden durch die in der Perikopenreihe II vorgesehene Lesung aus Apostelgschichte 2,41–47 mit der lukanischen Vision von der in der Eucharistie begründeten Gütergemeinschaft der ersten Christen. In diesem Gottesdienst gehört das Abendmahl dazu wie die Praxis zur Theorie, in der Hoffnung darauf, daß uns das Abendmahl wandelt. Die Frage ist angebracht: wie kann das Abendmahl mehr für uns werden als ein spiritueller Ersatz dessen, was es zu feiern vorgibt, das Fest des Teilens, mehr als ein bloßes Bild für die Lebensfülle des Reiches Gottes? (W. Koeppen, a.a.O. S. 157, in Aufnahme von Gedanken aus Helmut Gollwitzer, Die Freude Gottes). In der johanneischen Offenbarungsrede geht es um das *Brot vom Himmel,* das nicht nur heute satt macht, sondern auch morgen, und so die Hoffnung nährt auf ein Leben ohne Hunger – auch des seelischen. Die Wandlung geschieht, wenn im Glauben aus dem *Brot zum* Leben das *Brot des Lebens* wird. Auch bei Lukas hat die Speisungsgeschichte eine Offenbarungsqualität; der das Brot gibt, gibt sich am Ende selbst als das Brot: »das ist mein Leib, der für euch gegeben wird« (Lk. 22,19).
Unsere Geschichte wird – merkwürdig genug – in allen vier Evangelien erzählt. Sie scheint zum Credo der frühen christlichen Gemeinde zu gehören. In Markus 8 und Matthäus 15 finden wir zudem Varianten (Speisung der Viertausend mit sieben Broten), die Gerd Theißen zu der Bemerkung veranlassen, im Vergleich der unterschiedlichen Fassungen der Geschichte könne man »das Wachsen des Wunderbaren mit den Händen greifen« (Gerd Theißen, Der Schatten des Galiläers – historische Jesusforschung in erzählender Form, München 1987, S. 167). Bei genauerem Zusehen geht es aber – bei allen theologisch aufschlußreichen Unterschieden im Detail – in allen Evangelien gerade nicht um diese Züge der Geschichte, sondern um das Bekenntnis zum Offenbarer. Lukas, der sonst weitgehend dem Aufbau des Markus-Evangeliums folgt, überspringt einen großen Abschnitt (Markus 6,45–8,26) und stellt unsere Geschichte in den *Rahmen der Frage nach der Identität Jesu.* Unmittelbar voraus geht die Frage des Herodes, der, nach dem Mord an Johannes durch die Aufsehen erregenden Predigten und Heilungen Jesu in Unruhe versetzt, wissen will: »Wer ist dieser, von dem ich solches höre?« Und unmittelbar im Anschluß an unsere Geschichte fragt

Jesus seine Jünger: »Wer sagen die Leute, daß ich sei?« und »Wer sagt ihr aber, daß ich sei?« Petrus bekennt daraufhin: »Du bist der Christus Gottes!«
So zeigt unsere Geschichte, wie aus dem *Erkennen* ein *Bekennen* wachsen kann. Mit dem Bekenntnis des Petrus ist das Reich Gottes mitten unter uns. Das zeigt sich auch in der Fülle dessen, was am Ende vom Fest übrig bleibt: zwölf Körbe voll – ich verstehe das (in Anlehnung an Wolfgang Stegemanns Exegese in Gottesdienstpraxis, 1983, Band 4) so: das Volk Gottes in der Tradition der zwölf Stämme erfährt die Fülle des messianischen Zeitalters. Wer sagt, daß von dieser Fülle nicht auch für uns genug übrig ist?

Zur Situation des 7. Sonntags nach Trinitatis – Einfälle zur Gestaltung
Der 30. Juli 1995 liegt in allen Bundesländern in den Sommerferien, für die einen am Anfang, für die andern mittendrin oder am Ende. Läßt sich anknüpfen bei der Sehnsucht nach der ›Fülle des Lebens‹, dem Wunsch, wenigstens die Wochen, die mir gehören, authentisch zu erleben? Vielleicht empfiehlt es sich, die Perikope zu tauschen, so daß Lukas 9 einem Gottesdienst zum Beginn oder zum Schluß der Ferien zugeordnet wird (vgl. unten die mimische Lesung zum Schulanfänger-Gottesdienst; sie erscheint auch geeignet für einen Familiengottesdienst zum Erntedankfest). Eine andere Idee wäre eine Bildmeditation zu den Motiven der Speisungsgeschichte, den Fischen und Broten im frühchristlichen Mosaik von Tabhga am See Genezaret. Dazu ein Einfall: Wie die Mosaiksteinchen sind wir Teil des Bilds, das die ›Fülle des Lebens‹ zum Ausdruck bringt.
»Das mit den Fischen ... und mit den Broten, die zuerst kaum eine Handvoll waren, das kann auch eine Gemeinschaft sein, die klein entsteht und dann wächst und immer größer wird, weil in ihr das Bewußtsein und die Liebe wachsen« (Esperancita in Ernesto Cardenal, Das Evangelium der Bauern von Solentiname, Band 2, Wuppertal 1978, S. 68).

Vorschläge zur Liturgie

Abendmahl
Das Abendmahl gehört für mich zu diesem Gottesdienst untrennbar dazu als die konkrete Vision des Teilens in Lukas 9.

Begrüßung
Liebe Gemeinde,
»... und alle wurden satt« – so heißt es am Ende der Geschichte, die wir heute aus dem Lukas-Ev. hören. Stellen wir uns einmal vor, wir kämen hungrig zum Gottesdienst, wie vielleicht manche an anderen Orten der Welt auch zu dieser Stunde, und wir gingen gesättigt an Leib und Seele wieder nach Hause. Und dabei bliebe auch viel übrig für andere. Das wäre ein Fest!

Wir sind zum Abendmahl eingeladen; Brot und Wein/Saft stehen auf dem Altar bereit. Wir feiern diesen Gottesdienst im Namen des Dreieinigen Gottes; im Vater, Sohn und Heiligen Geist begegnet uns die Fülle des Lebens und der Beziehungen.

Lieder
(Angaben nach dem neuen Evangelischen Gesangbuch)
EG 229 (im Eingangsteil); EG 221 (Wochenlied zwischen den Lesungen); EG 464 (vor der Predigt); ein neues Lied mit einer einfachen und fröhlichen Melodie: »Heilen und teilen« (nach der Predigt); EG 225 (vor dem Abendmahl); EG 222 oder EG 170 (vor dem Segen).

1. Heilen und teilen – leben und geben – Fisch* und Brot – wenden die Not.
2. Teilen und leben – geben und heilen – ...
3. Leben und geben – heilen und teilen – ...
4. Geben und heilen – teilen und leben – ...

* alternativ: Wein und Brot

(Text und Melodie: Gottfried Brezger)

Psalm 107,1–9

Gebet des Tages / Kollektengebet
(aus dem Vorentwurf der Erneuerten Agende)

Herr, unser Gott, du Retter aus Mangel und Not, / von dir kommt das Brot der Erde und das lebendige Brot vom Himmel. / Hilf, daß wir deine Gaben dankbar empfangen und teilen mit allen, die deine Hilfe brauchen. / Durch unseren Herrn Jesus Christus. (Nr. 155)

Herr Jesus Christus, du hast den Hunger der Menschen gesehen und ihnen Speise gegeben, daß sie satt wurden. / Wir bitten: Gib auch uns, was wir zum wahren Leben brauchen.

(oder anstelledessen eine *Brot-Meditation* aus Korea)

Das Brot ist der Himmel: wie du den Himmel nicht alleine haben kannst, mußt du das Brot mit den anderen teilen. Das Brot ist der Himmel: Kommt das Brot in deinen Mund hinein, nimmt dein Körper den Himmel auf. Das Brot ist der Himmel: ja, das Brot muß man teilen!

Lesung
(Reihe II), Apostelgeschichte 2,41–47 (bei 2 Lesungen schlage ich vor, – ggf. mit einer kurzen Hinführung –, zuerst 2. Mose 16,9–15 zu lesen)

Evangelium = Predigttext
Lukas 9,10–17

Gebet zum Abendmahl
(Eucharistiegebet mit Präfation und Epiklese)

Der Herr sei mit euch / und mit deinem Geiste
Erhebet eure Herzen / wir erheben sie zum Herren.
Lasset uns Dank sagen dem Heren, unserem Gotte. /
Das ist würdig und recht.

Wahrhaftig, würdig und recht ist es, / dich, Gott, Schöpfer der Welt, / zu loben und zu preisen:
Du schenkst uns das Brot, / Frucht der Erde und der menschlichen Arbeit: / laß es uns zum Brot des Lebens werden /
Du schenkst uns die Frucht des Weinstocks, / Frucht der Erquickung und der Fülle des Lebens:
laß sie uns zum Zeichen deines kommenden Reichs werden.

Sei mit deinem lebensspendenden Geist unter uns, / daß das Brot, das wir teilen, / und der Kelch, aus dem wir trinken, / für uns zur Gemeinschaft des Leibes und Blutes Christi werden.

Einsetzungsworte
(mit freier Ergänzung nach 1 Kor 11,26 und Eph 2,19:)

Sooft wir nun von diesem Brot essen und aus diesem Kelch trinken,
verkündigen wir den Tod des Herrn, bis er kommt,
und wir Gottes Hausgenossen sind beim großen Mahl in seinem Reich.

Sendungswort
Epheser 2,19 (Wochenspruch)

Vorschläge zur Predigt

Zur Auswahl möchte ich zwei unterschiedliche Formen vorstellen:
A. Eine argumentative *Predigt,* die dem Duktus der theologisch-homiletischen Skizze folgt, und
B. eine – besonders für einen Familiengottesdienst, auch zum Schulanfang oder zum Erntedankfest geeignete – *Erzählung,* bei der die Lesung durch mimisches Rollenspiel unterstützt werden kann.

A. Predigt

Möglicher Predigtanfang:

»und alle wurden satt« – ein Wunder oder eine Vision?

Wann haben wir zum letzten mal Hunger verspürt – wirklichen Hunger, der nicht so schnell zu vertreiben war? Ich habe ein Bild vor Augen, da sitzt ein Drittel der Menschheit am üppig gedeckten Tisch auf der Sonnenseite des Lebens, während abgemagerte Gestalten des ›restlichen‹ Zweidrittels im Halbdunkel um den Tisch stehen und sich nach den Gütern der Welt ausstrecken – ein schauriges Bild, ein Alptraum, eine Horror-Vision.

Nun würde ich die Wundergeschichte als eine Vision beschreiben, wie ohne jede Vermehrung des Bruttosozialprodukts, ohne wachstumsorientierte Geldpolitik die Menschen satt werden:

... alle. Einfach so. Wie? Ich denke: in dieser Geschichte geht es nicht um die wunderbare Vermehrung von Fischen und Broten, sondern um die wunderbare Veränderung der dabei beteiligten Menschen; und nicht vom plötzlichen Reichtum der Armen will sie erzählen, sondern vom Reich Gottes für die Armen.

Jesus spricht nicht nur vom Reich Gottes, sondern er handelt auch entsprechend: heilend und teilend. Fisch und Brot wenden die Not und sind zugleich Zeichen der Gegenwart Gottes mitten in unserer Realität. Das ist viel mehr als ein Wunder, das ist eine hoffnungskräftige Vision! Wieviel fruchtloser Streit um das Abendmahl hätte vermieden werden können, wenn die Vision des Reichs Gottes begriffen worden wäre, die dahinter steht: Es kommt nicht darauf an, daß die *Elemente* Brot und Wein, sondern daß *wir* gewandelt werden.

Zum weiteren Verlauf:

»gebt ihr ihnen zu essen!« – wie wir in die Vision verwickelt werden

Es gibt noch vieles zu entdecken in unserer Geschichte. Mir gefällt, wie nüchtern die Jünger bilanzieren: »fünf Brote und zwei Fische«. Mit Nachschauen und Nachrechnen hat schon manches Nachdenken begonnen – auch in der Kirche.

Allegorisierend könnten hier z. B. Überlegungen eingefügt werden, wie wir uns der Tatsache stellen, daß in vielen Gemeinden kaum genügend Leute in der Lage und bereit sind, als Älteste leitende Verantwortung zu übernehmen.

Die Jünger hätten allen Grund, zu resignieren, aber sie sperren sich nicht, die ihnen zugemutete Verantwortung zu übernehmen: »gebt *ihr* ihnen zu essen!« Wieviel haben *wir* an Gütern und Gaben, Fähigkeiten und Phantasie aus Gottes Hand anvertraut bekommen, um davon weiterzugeben. »Gebt *ihr* ihnen zu essen!« – das kann bedeuten, den Hunger und die Not anderer Menschen wahrzunehmen und zu teilen wie der Bäcker in der Jakobstraße in Paris (Susanne Gröpler, siehe oben: »Annäherungen an den Predigttext«).

Möglicher Schluß:

»und er nahm, dankte, brach und gab ...« – vom Erkennen zum Bekennen

Brot ist viel mehr als nur ein Lebensmittel. Das Teilen des Brots kann uns verwandeln. Die Wandlung geschieht, wenn in unserem Glauben aus dem Brot *zum* Leben das Brot *des* Lebens wird. Der das Brot gibt, Jesus, gibt sich am Ende selbst als das Brot: »das ist mein Leib, der für euch gegeben wird...«

Ich würde schließen mit einem Hinweis auf den Rahmen, in den Lukas unsere Geschichte gestellt hat: die Frage nach der Identität Jesu. Unsere Geschichte zeigt, wie aus dem *Er*kennen ein *Be*kennen wird.

Im Abendmahl erfahren wir Gottes Reich vorweg, so wie damals die fünftausend hungernden Menschen. Am Ende vom Fest bleiben 12 Körbe voll übrig. Wer sagt, daß von dieser Fülle nicht auch für uns genug übrig ist?

B. Mimische Erzählung: Teilen lernen bei Jesus

1. Szene (Zuhause bei Miriam und Tobias)

(Miriam tritt auf) Das ist Miriam. Sie ist 12 Jahre alt und wohnt in einem Dorf am See Genezaret. Wie ihre Geschwister hütet sie Schafe. Eines Tages hört sie, daß Jesus in die Nähe ihres Dorfs kommen soll. Schon lange hat sie sich gewünscht, ihn einmal zu sehen. »Hast du schon gehört«, rufen sich die Leute zu, »wieder so ein Wunder von dem Jesus!« »Die können mir viel erzählen«, sagt Miriam *(mit abweisender Geste),* »solange ich's nicht mit eigenen Augen gesehen habe«.

Sie ruft ihren Bruder Tobias *(Tobias tritt auf).* »Ich gehe heute zu Jesus, kommst du mit?« Tobias ist begeistert.

2. Szene (Unterwegs, am Haus Simsons)

Die Mutter packt den Kindern *(in einem Korb)* Brot und getrockneten Fisch ein; sie sollen ja unterwegs nicht verhungern! Und auch nicht verdursten *(sie gibt den Kindern einen Tonkrug).* Miriam und Tobias pfeifen ihrem Hund Seba. Er muß heute nicht auf die Schafe aufpassen, die bleiben eingezäunt. So können die Kinder mit Seba zusammen losziehen. Seba springt fröhlich vor ihnen her, Miriam und Tobias können ihm kaum folgen. Unterwegs müssen sie beim Haus von Simson vorbei. Wie gut, daß sie Seba dabei haben. Vor Simson haben sie nämlich Angst, der ist älter, größer und stärker. Neulich, am Brunnen, hat er sich mit seinen Schafen einfach vorgedrängelt und sie mit ihren Schafen weggejagt *(sie forschen ängstlich nach Simson, trauen sich schließlich sogar, an der Türe zu klopfen).* Aber merkwürdig, keine Spur von Simson. »Vielleicht ist er mit seinen Schafen weggegangen?« Tobias würde gerne unter dem Baum am Haus von Simson eine kleine Rast einlegen. »Schau mal, die Sonne steht schon bald an ihrem höchsten Punkt«, hält ihm Miriam entgegen, wenn wir uns nicht ein wenig beeilen, wird es Nacht, bevor wir bei Jesus sind.« »Du mit deinem Jesus!«

ärgert sich Tobias, aber da Seba schon ein Stück voraus gelaufen ist, zieht auch er weiter mit über die Hügel. Plötzlich ruft er: »Schau mal, dort drüben, so viele Menschen habe ich noch nie an *einem* Ort gesehen. Da muß Jesus sein!« Und so stolpern sie den Berg hinauf, Seba vorneweg. »Komm, wir gehen nach vorne, da sind wir ganz nahe dran!« flüstert Miriam Tobias ins Ohr, und sie drängeln sich mit ihrem Korb durch die dichten Reihen der vielen sitzenden Menschen.

3. Szene: Bei Jesus

Jesus erzählt den Menschen von Gott, der wie ein guter Hirte für die Menschen sorgt. Miriam und Tobias sehen sich an: »So wie wir für unsere Schafe. Damit sie nicht verhungern und verdursten«. Die Menschen hören Jesus gespannt zu. Er kann so von Gott erzählen, daß es alle verstehen. Erst als es Abend wird, spüren die Menschen ihren Hunger. Die Freunde von Jesus sagen zu ihm: »Schick die Leute weg, daß sie sich in den Dörfern Brot besorgen!« Aber Jesus antwortet ihnen: »Gebt *ihr* ihnen zu essen!«

Als Miriam und Tobias das hören, fallen ihnen ihre Brote und Fische ein. Sie reichen Jesus den Korb und sagen: »Hier, nimm alles, was wir von zuhause mitgebracht haben!« Jesus schaut sie an, nimmt die fünf Brote und die zwei Fische und betet: »Vater unser im Himmel! Unser tägliches Brot gib uns heute!« Und dann sagt er zu Miriam und Tobias und zu seinen Freunden: »Teilt das Brot und den Fisch an alle aus!« Als sie durch die Reihen gehen, machen es auch andere so wie Miriam und Tobias und geben, was sie haben. Tobias bleibt plötzlich stehen: »Simson!« ruft er überrascht. Simson öffnet seine Hände und bekommt wie die andern Brot und Fisch von Tobias und Miriam ausgeteilt. Sie schauen sich an, sagen zueinander: »Du auch!« - und ein Lächeln der Verwunderung und Erleichterung geht über ihre Gesichter. Seitdem sind sie Freunde.

An diesem Abend, an dem sie das Teilen bei Jesus gelernt haben, werden alle satt. Auch Seba bekommt seinen Teil. Und am Ende wird noch in Körbe gesammelt, was übrig ist. Nichts soll verderben.

4. Szene: Eine Geschichte zum Sich-wundern

Es ist dunkel geworden, aber in den Herzen der Menschen ist es hell, als sie den Hügel hinunter gehen zu ihren Dörfern. Zuhause erzählen die Kinder ihrer Mutter alles, was sie erlebt haben: mit dem Brot und den Fischen und dem Teilen - und mit Simson. Die Mutter hört ihnen aufmerksam zu und wundert sich.

Kontext

Zu jeder Predigt gehört auch ihre Wirkungsgeschichte. Ich habe mir, als ich den Text Lk. 9 um 1 Jahr vorgezogen und bereits am 7. n. Tr. (17. Juli 1994) gepredigt habe, einen kräftigen Einspruch eingehandelt - und zwar von dem zitierten katholischen

Vater (er ist Lehrer) und seiner Frau (sie ist Vorsitzende unseres Gemeindekirchenrats):

Einspruch
»Du hast meine Einstellung zur Eucharistie sehr verkürzt wiedergegeben, so daß eine wichtige Dimension verloren geht. Es stimmt, daß es bei der Eucharistie auf die Wandlung der Menschen ankommt, aber nicht nur. Die Wandlung (auch der Elemente) ist ein Vorgang, den man mit normaler menschlicher Sprache nicht ausdrükken und auch nicht in komplizierte Begriffe fassen kann. Dabei ist das Geschehen einfach: es ist nachher etwas anderes als vorher. Die Frage an mich ist dabei: Wie lasse ich mich auf diese Wandlung ein und wie gehe ich nach dem Gottesdienst damit um? Eucharistie ereignet sich jedoch auch unabhängig von unserer Wandlung, unverfügbar, so wie es auch nicht in deiner Hand liegt, ob deine Predigt ankommt.
In der inneren Erfahrung ist die Eucharistie wie ein vorbereiteter Raum, in den du trittst und der in dir etwas zum Mitschwingen bringen kann. Weil wir die Menschheitsgeschichte in uns tragen, mischen sich vergangene mit gegenwärtigen Bewußtseinsstrukturen, und so können Bilder aus magischen und mythischen Bewußtseinsstufen unser gegenwärtiges Verstehen inspirieren, so wie die kindliche Phantasie die erwachsene beflügeln kann. So ist das auch in meiner Geschichte mit der Eucharistie: für mich ist sie Wachheit, Stille, Anschauung, ein inneres Bild, Ikone, gewandeltes Brot, Nähe Christi in unmittelbarer Form. Es kommt schon auf das Materielle an, denn damit fängt das Reich Gottes unter uns an.«

8. Sonntag nach Trinitatis

Annäherungen an den Predigttext Johannes 9,1–7

Uli Müller-Weißner

Da kommt ein Fremder ins Dorf – Protokoll einer Blindenheilung

(20.06 Uhr) Beginn der regulären Presbytersitzung, Pfarrer stellt kurz den Text aus dem Johannesevangelium vor, erklärt den Anlaß, bittet um spontane Äußerungen trotz des mitlaufendes Diktaphons – liest langsam die 7 Verse vor, schaltet Diktaphon ein, wartet.
(20.09 Uhr) Frau 1: Erst einmal eine Frage zum ersten Abschnitt, *wer hat gesündigt, dieser oder seine Eltern,* ... das ist doch ganz typisch alttestamentarischer Glaube, der da einfließt, daß krank sein, blind sein, aussätzig sein Strafe Gottes ist. Das fließt hier ein! *Frau 2:* Das ist doch heute noch genauso: »Was habe ich bloß verbrochen, daß es mir so geht?« Oder: Angenommen, es ist ein Trinker in der Familie, und ein Kind wird blind geboren, natürlich war der Gedanke früher schon: Gott straft die Familie, aber der erste Gedanke ist doch auch heute bei den Leuten: Menschenskind, warum hat jetzt das Kind das und das ...? *Frau 1:* Nein, ich meine jetzt auch vom Text her, daß man doch immer wieder sieht, wie das NT das AT mit einschließt und daß immer wieder gezeigt wird, hier auch bei den Jüngern, daß sie immer noch sehr dem Alttestamentarischen verhaftet sind, also ganz strenggläubige Juden eigentlich sind ... und nun kommt eben die Lehre Jesu, der das Neue einbringt, der sagt: *»Ich bin gesandt solange es Tag ist, es kommt die Nacht, da niemand wirken kann ...«,* das ist sehr verschlüsselt, die Nacht ist wohl eine Anspielung darauf, daß er einmal doch sterben wird.
(20.12 Uhr) Frau 2: ... er kam sehend wieder ... da habe ich immer meine Zweifel, ob der wirklich gesehen hat oder ob er nur verstanden hat, was Jesus lehrte.
Frau 3: Also, ich finde den zweiten Abschnitt besonders wichtig, daß durch Krankheit das Werk Gottes offenbar werden kann, daß man nicht sagen kann, der ist gestraft, denn er ist krank und man will damit nichts zu tun haben, sondern, daß gerade durch einen Kranken ganz Besonderes bewirkt werden soll! Deshalb ist das Wunder für mich gar nicht so wichtig – ich habe sowieso immer meine Schwierigkeiten mit den Wundergeschichten, weil ich immer was ganz anderes dahinter sehe.

(20.15 Uhr) Frau 4: Für mich heißt ... *es kommt die Nacht* ... das Jüngste Gericht, aber auch: man sieht in der Nacht nichts, also hat das mit »Sehen« zu tun. *Frau 2:* Vielleicht ›mit dem Herzen sehen‹. *(Engagierte Diskussion mit Interpretationsangeboten):* Weltuntergang, Leben, in der Nacht kann man ohne Licht überhaupt nichts tun. *Frau 1:* Ich würde das nicht wörtlich nehmen, sondern ich würde es beziehen auf das Leben und das Dasein Jesu in unserem Leben, früher und heute: es kommt die Zeit, da wird das Wirken Jesu und die Lehre, die davon ausgeht, die wird durch irgendetwas dermaßen übertönt und überlappt, so daß es nicht mehr möglich ist, daß man das Gute, das davon ausgeht, noch sieht, empfindet und merkt. D. h. es kommt die Zeit, wo alles kaputtgemacht wird, daß das Gute einfach weg ist. Nacht kann sein: Tod, Krieg überall, ganz böse Dinge, die in der Welt passieren ... Serbien, das ist schwärzeste Nacht, wo Menschen umgebracht werden um der Macht willen; Somalia, Afghanistan, es ist doch schwärzeste Nacht, wenn Hilfsgüter gesandt werden und die werden unterschlagen, da machen einige sich reich dran.
Mann 1: Gehen wir mal nicht soweit, bleiben wir mal im eigenen Land (Rostock, d. V.). *Frau 3:* Aber auch wenn nur Schlimmes passiert, ist es doch nicht gesagt, daß nicht jemand dort, wo es so schlimm ist, die Werke wirkt, die Gott gewollt hat.
(20.21 Uhr) Mann 2 (krebskrank): Warum soll die Heilung nur symbolisch gemeint sein, warum kann es kein Wunder gewesen sein? *Pfarrer: Was wäre, wenn der Geheilte wirklich blind gewesen war? (Erregte Reaktionen):*
Frau 2: Wunder gibt es immer wieder, es gibt ja einen Schlagertext.
Frau 4: Der Mann war durch irgendeine Infektion schwer krank und wurde geheilt!
Frau 1: Es gibt ja Heilkraft im Wasser und in der Erde, schließlich war ja auch der Teich was Besonderes.
Mann 2: Irgendwo ist doch da ein Widerspruch: ... *geh hin zum Teich* ... auf der einen Seite ist er blind, andererseits soll er selbst zum Teich gehen. Im Text steht nichts, daß er geführt wurde.
Frau 1: Wichtig ist doch, daß der Blinde geschickt wird und daß er vertraut, daß er sich völlig darauf einläßt. Wer mit Jesus zu tun hat, vertraut im *blindlings* oder er geht weg und läßt es sein.
Frau 4: Wenn jemand wirklich krank ist, ergreift er auch den letzten Strohhalm!
Frau 1: Dieser Brei, das ist für mich ein Beispiel für die Heilkraft der Naturheilmittel, die das Volk kannte.
Mann 3: Ich finde, man muß sich entscheiden, was man dahinter sieht und was einem das sagt. Am auffälligsten für mich ist: da kommt ein Fremder ins Dorf und sagt zu einem, der vielleicht schon jahrelang krank ist, also du machst jetzt mal das und das – allein schon durch so einen Zuspruch klappt das, durch einen fremden Mann (breite Zustimmung). Jesus muß eine Persönlichkeit gewesen sein, die so gewirkt hat.

(20.26 Uhr) Mann 2: Frage an *Pfarrer,* was denn jetzt richtig sei »Wie muß man sich entscheiden?« *Frau 2:* Erstens kommt es darauf an, daß jemand der blind war, wieder sieht. Oder, zweitens, daß man die anderen überzeugt (von Jesus d. V.). *Mann 2:* Viele Theologen sind sich nicht klar, um was es eigentlich geht. Aber: Der, der glaubt, kann glauben, der, der nicht glaubt, wird auch durch die deutlichsten Erklärungen nicht zum Glauben kommen. Der, der glauben will, der wird glauben.
(20.34 Uhr) Mann 1: Vielleicht war der Mann gar nicht so blind, sondern nur blind, daß er den Glauben nicht gesehen hat. Die Heilung ist insgesamt ein »Sehendwerden«. Es geht gar nicht um einen körperlichen, sondern um einen geistigen ›Schaden‹. Und den kann er schon von Kindheit an gehabt haben.
(Breite Zustimmung) Assoziationen: geistige Blindheit, der rennt blind in die Welt hinein. *Mann 1:* Und der *Brei,* der soll zeigen, also der Nachwelt zeigen, daß Jesus doch Wunder wirken kann, denn das ist doch wie ein Wunder, wenn der plötzlich seinen Glauben sieht.
Frau 1: Blind geworden heißt dann: Er war in den alten Traditionen, im jüdischen Glauben gefangen, der so oft verkehrt geworden war, so weit ab, von dem, was Gott eigentlich von den Menschen wollte. *(20.40 Uhr Schluß)*

Zum Gottesdienst

Traugott J. Simon

Theologisch-homiletische Skizze

Wer blind ist, kommt nicht gut bei uns weg, darf man oder frau gängigen Redensarten glauben: »Blindgänger« taugen nicht viel; »Liebe macht blind« – also: wen's erwischt, dem fehlt dann wohl Wichtiges, die Über-Sicht, der Durch-Blick oder so; ein »blindes Huhn«, das (auch mal) »ein Korn findet« – na ja! Jemand »blind vertrauen« ist ja auch nicht so angesehen – zu Recht, nach vielen irreführenden Blinden-Führern, die es so gab oder gibt …
Im übertragenen Sinn »blind sein« ist ein schwerer Schlag gegen die übliche Normalität guter Wahrnehmung und bunten Lebens.
Nun lebe ich in einer Stadt, in der über tausend blinde oder sehbehinderte Menschen zum Alltagsbild gehören: Sie gehören hier zur »Blista« (Blindenstudienanstalt), leben und arbeiten hier, lernen oder studieren; durch Hilfestellungen gut gefördert entwickeln sie ihre eigenen Fähigkeiten und Begabungen. Und das ist sehr beeindruckend! Viele bewegen sich sehr

gewandt in der Stadt, im Bus, in Häusern, manche auch unsicher, aber ihnen ist abzuspüren: Sie suchen sich, und sie gehen ihren Weg – und dabei haben sie gute Hilfen – und HelferInnen, die den Balanceakt zwischen Begleitung und Bevormundung leben.
Erstaunlich, wie mit abnehmender Sehkraft offenbar andere Fähigkeiten entwickelt werden können: Tastsinn und Spürsinn, die Möglichkeit, sich zu orientieren. Ohne Blindheit zu verklären – wozu wahrlich kein Grund besteht! –: trotz allem, was so spürbar einschränkt, kann neu Vertrauen wachsen und Mut für eigene Schritte! Da frage ich mich als »Sehender«: Was über-sehe ich, »sehenden Auges«, was beachte ich alles nicht und übergehe es »unbesehen«? Woran kann ich mich wirklich im Vertrauen orientieren?
Hier nun, in der Predigt-Erzählung aus dem Johannes-Evangelium, dieser Blinde! Ohne Augenlicht geboren, zu einer Zeit, als ihm oder den Eltern dafür auch noch die Schuld gegeben wurde; oder als Gott noch als Strafender dafür verantwortlich gemacht wurde: dieser Blinde hatte keine »Blindenstudienanstalt«, um herauszufinden, was alles in ihm steckt und wie auch er seinen Weg finden und gehen kann. Der wurde vielleicht versteckt, oder verschämt – und beschämend! – entschuldigten die Eltern sich für ihn. An dem kommt nun Jesus vorüber als einer, der ihn sieht, also wahrnimmt. Und er schaut nicht weg.
Das wäre ja *auch möglich*. Wir kennen das nur zu gut: nichts sehen, nichts hören, nichts sagen – die unmenschliche Trinität einer unbarmherzigen Gesellschaft. Von der Gewalt wegsehen, die wächst; von den Interessen wegschauen, die Kriege »weiterlaufen« läßt; von den unzähligen Flüchtlingswellen absehen, deren Ausläufer sich allenfalls als AsylantInnen bei uns wiederfinden.
Da sehe ich auch nicht gern hin. Und das schwierige Zusammenwachsen zwischen Ost und West – in unserem Land, in Europa –, das Auseinanderstreben zwischen Nord und Süd, Armut und Reichtum, Hunger und Übersättigung – weltweit –, das sehe ich auch nur mit Besorgnis – oder am liebsten gar nicht.
Schließlich kann – das wird z. B. daran deutlich – blind sein mit geblendet sein zu tun haben. Von sich selbst geblendet oder von den unerschöpflichen Möglichkeiten der Wirtschaft, der Macht, des Geistes, der Technik: ehrgeizig alles machen wollen oder für machbar halten. Oder: vom eigenen Ruhm geblendet sich ausruhen. Das ist auch Blindsein.
Und dahinein diese Geschichte: Sehende werden als Blinde entlarvt und einer, der hinsieht, schenkt Lebenslicht. Diese Geschichte steht im Johannes-Evangelium als eine von vielen erstaunlichen »Geschichten vom Leben«, einer zentralen Botschaft *dieser* Jesus-Erzählungen: »Lebens-Wort« (Kap. 1) und »Lebens-Freude« (Kap. 2) führen zur Frage nach dem »Geist des Lebens«: mehr nachdenklich (Kap. 3) oder eher lebensvoll (Kap. 4). Es folgen »Wasser und Brot des Lebens« (Kap. 5+6), die – kritisch – ins

Fest münden (Kap. 7). Daß sogar Sünde nicht vom Leben trennt (Kap. 8), ist durch Jesus erfahrbar und spürbar als einem Lichtblick für Einzelne und für die Welt. Und da sind wir bei unserem Thema: Lebens-Licht, Sehen und doch nicht Sehen, Nacht und Tag (Kap. 9). In den folgenden Kapiteln sehen wir dann den Jesus des Johannes-Evangeliums schon mit dem Bedrohlichen, dem Tod konfrontiert, der sich immer zu Wort meldet, wenn es ums Leben geht: er ist Leben begleitender, schützender Hirte (Kap. 10), Lebens-Kraft gegen den Tod (Kap. 11), der aus Liebe zum Leben angesichts des Todes Gesalbte (Kap. 12) und stiftet der alten Tradition (Passah) neues Leben im Zeichen neuer Gemeinschaft (Fußwaschung; Kap. 13).
Volles Leben bringt Jesus (Kap. 10, Vers 10), Leben in Fülle, heiles Leben - nicht zu verwechseln mit heiler Welt. Jesus bringt »einfach Leben«, »einfach« in umfassendem Sinn von ungekünstelt, ohne große Umstände - und sehr direkt. Ohne Berührungs-Ängste geht er auf Menschen zu, die von anderen gemieden werden; ohne Tabu-Ängste entlarvt er das fromme und aufrichtige Festhalten an alten Vorstellungen unter dem Schutzmantel vorgeblicher »Hilflosigkeit« oder »Betroffenheit«. So »einfach« bringt Jesus Leben.
In dieser Erzählung sehe ich einen Heilungsprozeß, wie er sich heute vielfach vollzieht, wenn Menschen ihre blinden Flecken sehen lernen und hinschauen, was aus Gottes Kraft möglich ist, »dessen Werke offenbar werden sollen« (Vers 3) und was Menschen dann auch Wunderbares erfahren, wenn sie weder allein gelassen noch überverantwortlich entmündigt werden.
Dieser *Heilungsprozeß* - ein Wunder! - vollzieht sich *in konkreten Einsichten und Schritten:*

1. Wer mit Blindheit geschlagen ist, darf nicht noch von blinden Blindenführern an seine Krankheit gefesselt werden, die an ihm oder ihr - ach so verantwortlich! - herumdiagnostizieren (V. 1f. = siehe oben unter »Annäherungen«: »ganz typisch alttestamentarischer Glaube« - und ebenso noch oft genug postmoderne Wirklichkeit heute). Vgl. hierzu das schöne Lied von Gerhard Schöne »Der Maler« (Kontexte 4.).
2. Gott straft nicht, sondern will heilen (Vers 3): die Abwehr des Schmerzlichen, Fremden, Unheilen als »Strafe Gottes« läßt dahinter die Angst vor Leid bei sich und anderen aufscheinen. Vgl. die gesellschaftliche Dimension der Blindheit nach Kontexte 3.
3. Dazu braucht es (Vers 6) Klar-Sicht und Ein-Sicht, erdverbundenen Mut, den Leidenden zu begegnen, in Berührung mit dem Leid(enden) zu kommen und sich anrühren zu lassen, sich auch »die Hände schmutzig« zu machen.
4. Die spirituelle Mitte jeder Heilung liegt in Gott und Gott legt sie in uns in der Kraft des Geistes! Als von Gott Gesandte können Menschen daran mitwirken: von Jesus angefangen als Gottes besonderem Gesandten über den »gesandten« Blindgeborenen und sogar dessen Kritiker bis hin

zu uns: wir alle können Blinde sein als Handlanger der Nacht oder handlanger des Tages als Sehende, denen Augen und Herz geöffnet sind (V. 4f.+7); Kontexte 2.

5. So kann der Blinde auf seinen neuen, heilsamen Weg geschickt werden, als Gesandter neuen Lebens, neuer Sichtweise - in eigener Verantwortung und losgeschickt im Vertrauen Jesu, selbstverantwortlich, aber eben nicht allein.
6. Wirklich hellsichtige »HeilerInnen« wie Jesus sehen tiefer, überschätzen sich nicht und unterschätzen Gott wie auch ihr Gegenüber nicht: sie muten den zu Heilenden ihren eigenen Weg zum Leben zu. Nur übereifrige (hilflose?) HelferInnen wollen alle und jeden retten - und das alles ganz allein. Sie über-sehen leicht und blindlings Gottes heilende Kraft, die in ihrem Gegenüber wirken kann und will. Damit trauen sie - in bester Absicht - Gott und den anderen nicht über den Weg. Jesu Hellsichtigkeit vertraut Gott, deswegen auch den eigenen Möglichkeiten sowie der Gestaltung heilender Beziehungen zu anderen.
   Solcher Heilungsprozeß befreit von Schuldvorwürfen und führt zu neuem Leben, wagt Zutrauen zu Gott, vertraut den Hilfsbedürftigen und mißtraut der eigenen Unersetzlichkeit. So geschieht das sichtbare Wunder, das Licht des Tages zu sehen, zu erkennen und sich auf den Weg begeben zu können, der sehend macht (siehe oben unter »Annäherungen« am Ende).
   Diesen Heilungsprozeß möchte ich im Gegenüber zu vielem Unheilen im Gottesdienst entfalten.

Vorschläge zur Liturgie

Als Psalm wähle ich einen Abschnitt aus Psalm 36: Verse 6-9 und Vers 10 als Antiphon. In diesen Versen sind die Fülle des Lichts und des Lebens umrissen, die der Glaube schenkt.

Als *Kyrie* schlage ich vor:
Blind sind wir oft genug,/ sehen nicht, was Schmerzen heilen kann,/ was weiterführt, was uns die Augen öffnen kann für das Leben. Blind sind wir - auch für Gottes Güte. Darum rufen wir:

Gloria
»Kinder des Lichts« sind wir aus Gottes Güte: beschenkt mit der Hoffnung des Glaubens. So können wir sehen, was vor Augen ist, und tun, was nötig ist - zum Lob Gottes. Darum laßt uns miteinander singen:

Das *Eingangsgebet/Tagesgebet* kann dies aufnehmen:
Gott, du Lebenslicht, du öffnest uns die Augen, daß wir dich wiederfinden im Dunkel der Tage, und daß wir deinen Botinnen und Boten trauen, die

uns heilsame Botschaft bringen von dir. Auf dich schauen wir, durch Jesus, das Licht der Welt.
Oder (mit Huub Oosterhuis: ganz nah ist dein Wort, Freiburg 1967, S. 97) »Herr, Gott, du gönnst uns das Licht unserer Augen,/ du hast unsere Geburt gewollt,/ nicht für das Dunkel hast du uns gemacht, nicht für den Tod,/ sondern um zu leben auf dich hin mit ganzem Herzen./ Nimm uns bei der Hand,/ führ uns zum Guten, zum Leben/ heute und in Ewigkeit.«

Als *Lesung* bietet sich die alttestamentliche aus den Propheten Jesaja an: 2,1–5 – als (Zions-)Vision, die ausschaut nach dem Licht für alle Völker, für alle Welt.

Als *Schlußgebet* schlage ich vor:
Gott, du öffnest uns die Augen, daß wir sehen, womit du uns beschenkst: mit neuer Hoffnung, mit sehenden Augen, heil zu werden, mit sehenden Augen für die Not anderer Menschen. Du gibst uns eine neue Sicht, zu leben, zu hoffen, zu vertrauen. Wir loben dich und beten zu dir (alle): Gott, deine Güte sei über uns, wie wir auf dich hoffen.

Die Fürbitten – in Anlehnung an Fürbitten, die 1988 in Jerusalem (!) gebetet wurden; die Quelle dieser Fürbitten finde ich leider nicht mehr – finde ich noch immer, ja gerade neu angemessen:
»Gott, allmächtiger Vater! Du läßt uns teilhaben am Glück deiner Schöpfung und schenkst uns mehr als wir verdienen. Wir bitten dich (alle): Gott, deine Güte …
Um dein Erbarmen bitten wir, wenn wir die Gaben deiner Schöpfung mißachtet, wenn wir genießen ohne zu denken, wenn wir die Menschen, die Hunger haben, vergessen in unserem Wohlstand – wir bitten dich (alle): Gott, deine Güte …
Um Deine Gerechtigkeit, wenn Menschen sich gegenseitig beherrschen oder einander Gewalt antun, wenn das Besitzenwollen uns versklavt, wenn das Habenwollen wichtiger wird als das Geben – wir bitten dich (alle): Gott, deine Güte …
Um Deine Liebe: misch Du Dich ein, wo die Angst den Geist zerstört und der Haß die Menschen zu Übermenschen macht; misch Du Dich ein mit Deiner Liebe, wo das Land wichtiger wird als das Leben, und überall dort, wo Leben zerstört wird – wir bitten dich (alle): Gott, deine Güte …
Um das Brot der Freiheit und den Trank der Freude für alle, die hungern und dürsten nach einem menschenwürdigen Leben; für alle, die nach Deinem Willen den Weg Gottes gehen wollen und zu schwach sind – wir bitten dich (alle): Gott, deine Güte …
(Gott, wir brechen das Brot und genießen den Wein; wir teilen das Leben. Lehre uns zu schenken, was wir von dir empfangen, darum bitten wir Dich durch Jesus Christus, deinen Sohn, unseren Bruder.)«

Vorschläge zur Predigt

In fünf Schritten möchte ich mit den Gottesdienst-Feiernden dem Heilungsprozeß nachgehen, den uns das Johannes-Evangelium verkündet. Diese skizziere ich nur, um mehr Raum für die Kontexte zu haben – und um anderen PredigerInnen eigenen Frei-Raum, Spiel-Raum zu geben.

1. Wir sehen viel – und manchmal sehen wir gar nichts oder nur wenig:
Schönes sehen wir, Schweres sehen wir: Vieles, das uns nicht verborgen bleibt – und manches über-sehen wir, nehmen es einfach nicht wahr, sind blind dafür: was Gutes wächst in unserem Leben oder im Leben anderer, was wir nicht sehen wollen, weil es uns unangenehm oder ärgerlich ist oder einfach, weil unser Blickwinkel begrenzt ist (Probe: ein Auge schließen oder zuhalten). Ein »Experiment« dazu als kleine Erfahrung: wenn ich einen Arm etwas ausstrecke und eine Hand vor die Augen halte, sehe ich weniger, mit der Hand näher an die Augen – noch weniger; die andere Hand als Gitter dazu – und noch näher, noch näher: irgendwann sehe ich nichts mehr, obwohl ich schaue: meine Sicht ist verdeckt. So auch im Leben. Solche »Gitter« (= »Schleier« im Kontext 1) können sein: dauernd von anderen fordern, erwarten, immer unzufrieden, nicht sehen, was ich bekomme, habe, bin; nur Negatives sehen und (mich) daran festhalten; nur Ängste sehen, Katastrophen, Krankheit ..., nur noch mich sehen, nichts und niemand um mich herum: blind, nichts sehen.

2. Wer blind/krank ... ist, den/die straft Gott nicht: Gott will heilen, sehend machen:
Text verlesen – dazu als Erfahrung: wer möchte, kann die Augen schließen und »Blindsein« erspüren, ansatzweise, nach Vers 6 auffordern: mit einem Finger vorsichtig ein Auge(nlid) berühren: wie gut das tut. – Jesus stellt eins schnell und unmißverständlich klar: Wer blind, krank, ängstlich ... ist, ist nicht von Gott gestraft – und niemand hat – aus Furcht vor solchem Leid – das Recht dazu, den/die Andere zu verurteilen, mit Vermeiden zu bestrafen. Das ist klar. Alles andere, was folgt, ist nicht von vornherein klar, sondern immer ein sehr eigener, persönlicher Weg – mit sich, mit anderen, mit Gott, ein Heilungsprozeß (am Text entlang buchstabieren): V. 1+2: nicht auf Altes/z. B. Blindheit festlegen und mehr sehen als alte Vor-Urteile und Befürchtungen zulassen; V. 3 ff.: der Not ins Auge schauen, auch der ärgerlichen Not der Vorurteile, des Nicht-Anders-Sehen-Könnens; und die eigene Sicht aus dem Vertrauen zu Gott entgegensetzen als Lichtpunkt, Lichtblick; V. 6: dem Leid des Blinden ins Auge sehen und sich anrühren lassen – und tun, was möglich und was nötig ist: »erdverbunden« handeln wie Jesus – und heilende Berührung eingehen, eine heilsame Beziehung wagen; V. 7: nicht festhalten und die Hilfsbedürftigen abhängig machen vom Helfer/von der Helferin (Sucht-Struktur!), losschicken, weggehen las-

sen, damit die/der Heilende ihren/seinen Weg finden und gehen kann; wer heil werden will, muß sich anrühren lassen, Hilfe wollen und annehmen und: auf seinen Weg gesandt werden, in Gottes Namen. Und er/sie kann so – wiederum GesandteR werden, heilsam sein für andere (vgl. Kontexte 2+3).

3. Heil werden = eine neue Sicht bekommen:
Gerhard Schöne's Lied-Geschichte vom »Maler« (Kontexte 4) kann hier mit einigen Sätzen verbal und/oder musikalisch eingeführt werden: was es bedeuten kann, »richtig« zu sehen, sich die Augen öffnen zu lassen – oder eben blind zu sein für das, was »nicht möglich« ist ...

4. Sehen oder Nicht-Sehen – was heilt, ist eine anrührende Beziehung:
Jesus sieht das Unmögliche: das Kranke der Sehenden und das Sehen-Können des Blinden. Er ist das Licht (V. 5), das am Tag wirkt, das noch Tag sieht, wo andere vielleicht nur schwarz sehen. Er ist kein übersinnlicher Zauberer, sondern zutiefst Mensch und zutiefst Glaubender: so wagt er diese einfache, heilsame Berührung zu dem, den die anderen beziehungslos machen oder sehen möchten (Sünde = Beziehungslosigkeit Gott und Menschen gegenüber).

5. »... als BlindeR die Blumen pflegen« – das ist das Wunder:
Die kurze Erzählung »Die Blumen des Blinden« ermutigt, mehr zu sehen und auf eine Beziehung »Ausschau« zu halten, die scheinbar unmöglich ist. Wer blind ist, ist nicht hilflos. In der Begegnung mit Jesus ist schon sichtbar, was von ihm »gesandte« Menschen Wunderbares erfahren können, auch heute: Blindheit kann heil werden, eine neue Sicht tut sich auf. Ich kann die Möglichkeiten neu sehen, wie sie sind: in Gottes Namen heilvoll und heilsam – für mich, für andere.

Kontexte

1. Zum Stichwort *»Blindheit«* finde ich bei Helmut Jaschke aufschlußreiche Gedanken: »Wie steht es also um eine Blindheit? In ihr offenbart sich mein Unwille und (zunehmend) meine Unfähigkeit, mich selbst und die »Welt« so zu sehen, wie sie vielleicht wirklich ist. Der Grund dafür ist auch hier wieder, das *Leid* zu vermeiden, das ich aushalten müßte, wenn ich die Einsicht zuließe, daß meine Sehnsucht nach Liebe und Zuwendung immer wieder enttäuscht wurden und ich mich deshalb von den Menschen abgeschottet habe. Daraus entsteht die Blindheit. Sie wird zum Schutz gegen den Schmerz, nicht als der geliebt worden zu sein, der ich bin. ... Jede neue schmerzliche Erfahrung, so lehrt dieses »Experiment« (= nacheinander verschiedene Schleier über die Augen zu legen, bis erst noch Umrisse, dann Schatten, schließlich nichts mehr zu sehen ist; T. S.), veranlaßt mich, einen weiteren Schleier auf meine Augen zu legen, solange, bis ich nur noch in meiner eigenen Phantasiewelt gefangen bin. Wenn ich eines Tages sage: »Ich sehe nichts«, dann lüge ich nicht. Ich kann meinen wahren Zustand wirklich nicht mehr erkennen. Wie sollte ich also, in mir eingemauert, einen Sinn, das heißt doch: eine Richtung erkennen, in der mein Leben sich entfalten könnte?... Es ist, als ob im Heilungsvorgang, den Jesus in Gang bringt, die Schleier nach und nach abgenommen würden, bis ich wieder »alles ganz deutlich« sehe. Jetzt sehe ich die Menschen, besonders auch mich selbst, wie sie tatsächlich sind. Mit dieser Erkenntnis muß ich »nach Hause« gehen, nämlich mich zu mir selbst wenden. Denn was ich da sehe und was bisher durch mein »inneres Kino« (H. Böhringer) verdeckt war, fordert meine ganze Kraft. Woher kommt diese Kraft? Aus der Berührung mit Jesus.« (Psychotherapie aus dem Neuen Testament, Freiburg 1987, S. 97 f.)

2. *Berührung und Intimität* betont Carter Heyward (in Ausführungen zum Markus-Evangelium) als Kennzeichen des Glaubens seit Jesus, deren Abwehr Bequemlichkeit bedeutet: »In der Beziehung ist *dynamis* göttliche Macht, der konkrete Gott, das, was ein Mensch »tun kann« *(dynamai)*. In Beziehung zu Jesus ist es der Glaube, der sie oder ihn gesund macht (siehe 7, 24–30; 9,17–29; 10,52; 11,22–23). Glaube ist die Bejahung der *dynamis,* die in Jesus offenkundig wachgerufen wurde.... Intimität ist die notwendige Bedingung für das Wirken Jesu. Jene, die weder sich selbst noch Gott kennen, können nicht geheilt werden. Sie können nicht einschätzen, was er mit ihnen tut.... Jesus hat kein Monopol auf die *dynamis.* Dies ist schon deshalb nicht möglich, weil, *dynamis* beziehungshaft ist. Sie beinhaltet eine Dynamik des Austausches zwischen den Menschen. Jesus ist keine Besonderheit, er »besitzt« Gott nicht und »hat« die Macht in Beziehung nicht als Eigentum. ... Niemand ist Gott. Niemand lebt ohne die Möglichkeit aktiver Beziehung zu Gott. Alle können Gott leibhaftig machen: die Jünger, die blutflüssige Frau, die Schriftgelehrten und Pharisäer. Alle können es, aber nicht alle tun es. Es gibt Menschen, die Gott und die Intimität leugnen, die Gott menschlich erfahrbar werden läßt. Menschen, die Gott ablehnen und immer ablehnen werden, damit sie weiter an der Bequemlichkeit festhalten können, die wir in religiöser Tradition, materiellem Besitz, familiären Bindungen oder politischer Stabilität finden (siehe 7, 8–9; 10,17–22; 3,31–35; 15,15).«
(Und sie rührte sein Kleid an. Eine feministische Theologie der Beziehung; Stuttgart 1992, 4. Auflage, S. 95 f.)

3. Daß Blindheit nicht nur Einzelne be-trifft, sondern als *Weigerung, Schmerzliches wahrzunehmen* und sich mit Leid und Leidenden zu konfrontieren, betont Johann Baptist Metz in seiner Analyse »Kirche in der Gotteskrise«, mit der er die Kirche in der Krise zu »elementaren Vergewisserungen« einladen möchte (Dokumentation in Frankfurter Rundschau, 27. 6. 1994, S. 12): »Jesu erster Blick galt nicht der Sünde der anderen, sondern dem Leid der anderen. Die Sünde war ihm Verweigerung der Teilnahme am Leid der anderen, war ihm Weigerung, über den Horizont der eigenen Leidensgeschichte hinauszudenken, war ihm, wie das Augustinus nennen wird, »Selbstverkrümmung« des Herzens, war Auslieferung an den heimlichen Narzißmus der Herzen. Das Christentum verlor freilich sehr früh seine ursprüngliche Leidensempfindlichkeit. Die die biblischen Traditionen beunruhigende Frage nach der Gerechtigkeit für die unschuldig Leidenden wurde ausschließlich umgesprochen in die Frage nach der Erlösung der Schuldigen. So kommt es unbedingt darauf an, den Primat der Leidensmoral einzuklagen.... Am Gelingen solcher Leidensmoral hängt es, ob unsere Welt eine bren-

nende oder eine blühende multikulturelle Landschaft sein wird, ob eine Friedenslandschaft oder eine Landschaft eskalierender Bürgerkriege.« Dazu nennt er drei Beispiele: das ehemalige Jugoslawien (»Hier wurde jeweils nur die eigene Leidensgeschichte erinnert«, was »zur Quelle der Verfeindung« wurde.); der »Friedens- und Verständigungsprozeß in Südafrika (»... kann noch der Tyrannei einer rein selbstbezüglichen Leidenserinnerung einzelner Stämme erliegen); »anders, so scheint es zumindest, so läßt sich hoffen, die Situation zwischen Israel und den Palästinensern« - kurz nach Inkrafttreten des Gaza-Abkommens und der begrenzten Autonomie der Palästinenser - weil der Prozeß dort damit begonnen habe, »daß man auch bereit ist, die Leiden der anderen, die Leiden der bisherigen Feinde in Betracht zu ziehen. Das wäre Friedenspolitik aus der biblischen memoria passionis.« Und dazu gehört wohl, geistliche und gesellschaftliche Blindheit zu überwinden.

4. Zum Stichwort *»Richtig(es) sehen - oder: sehen, und doch nicht sehen«* gefällt mir ein Lied von Gerhard Schöne sehr gut: »Der Maler« (aus: Die sieben Gaben, Buschfunk Verlag Berlin, 1992), das natürlich besonders schön als Musik-Einspielung klingt und wirkt:
   »Am Ende der Straße, wo die Sternschnuppen hinfalln,/ da steht ein buckliges Häuschen im Wind./ Hier wohnte der Maler Francesco bescheiden/ mit der Freundin Henriette und dem Malzeug im Spint. -
   Oft waren die beiden verzweifelt und hungrig,/ denn ihre Taschen warn leer wie ein Loch./ Dann malte er ihr etwas kleines Verrücktes/ und mit knurrenden Mägen lachten sie doch. -
   Einmal, als ihnen fast schwarz vor Augen,/ malte Francesco ein duftendes Brot./ Und auf das Tischtuch den Milchkrug, die Früchte./ Sie aßen und tranken. Vorbei war die Not. -
   Refrain: So jedenfalls ... soll es gewesen sein./ So jedenfalls ... sagen die Großmütter hier./ So jedenfalls ... soll auch die Kraft deiner Träume sein!/ So jedenfalls ... wünsch ich es dir!
   Einst rief man Francesco zum Fürsten des Landes,/ er solle ihn malen mit Heiligenschein./ Francesco gehorchte und malte am Ende/ zwei zierliche Hörner in das Antlitz hinein. -
   Man brachte dem Fürsten das Bildnis der Wahrheit./ Die Wutader lief ihm schwarz an im Gesicht./ Er schickte die Häscher, Francesco zu greifen./ Die suchten sein Haus, doch sie fanden es nicht. -
   Längst hatte Francesco das Gras und die Landschaft/ perfekt an die Hauswand gemalt, Stück um Stück./ Die Häscher, sie holten sich Beulen im Freien/ und liefen zerschlagen zum Fürsten zurück. - Refrain: So jedenfalls ...
   Beim Schlendern im Mondschein ergriffen die Häscher/ den wehrlosen Maler und warfen ihn grob/ hinein in den Kerker. Francesco durchsuchte/ die Taschen und fand etwas Kreide, gottlob! -
   Der Fürst, der Minister, der Wächter, die Henker,/ die stießn am Morgen die Zellentür auf./ Sie sahn an der Decke den Himmel, die Wolken,/ an der Wand eine Leiter zum Himmel hinauf. -
   Und dort verschwand eben ein Fuß in den Wolken./ Francesco der Maler war nicht mehr zu sehn./ Warum seine Freundin darüber nur lachte,/ das konnten die Leutchen im Ort nicht verstehn. - Refrain: So jedenfalls ...
   Sehender Glaube und blinder Optimismus sind einander manchmal mißverständlich nahe.

5. Das *»Hinter die Dinge schauen«* als eine weitere Facette zum Thema sehe ich in einer hübschen Geschichte von H. L. Gee »Die Blumen des Blinden« (die dem gleichnamigen Buch mit nachdenklichen Geschichten seinen Titel gab: hrsg. von Lore Graf u. a., Chr. Kaiser/Gütersloher Verlagshaus, Gütersloh 1983, S. 145 f.): »In einem kleinen Haus mit einem großen Garten lebte ein blinder Mann. Er verbrachte jede freie Minute in seinem Garten und pflegte ihn trotz seines Handikaps mit großer Hingabe. Ob Frühling, Sommer oder Herbst, der Garten war ein Blütenmeer. »Sagen Sie«, bemerkte ein Vorübergehender, der die Pracht bestaunte, »warum tun Sie das? Sie können doch davon nichts sehen, oder?« »Oh nein«, antworetet der Blinde, »nicht das geringste.« – »Warum kümmern Sie sich dann überhaupt um den Garten?« Der Blinde lächelte: »Erstens, ich liebe die Gartenarbeit, zweitens, ich kann meine Blumen anfassen; drittens, ich kann ihren Duft riechen. Der vierte Grund sind Sie!« – »Ich? Aber Sie kennen mich doch gar nicht!« »Nein, aber ich wußte, Sie würden irgendwann vorbeikommen. Sie hätten Freude an meinen herrlichen Blüten und ich hätte Gelegenheit, mich mit Ihnen darüber zu unterhalten.«
Weil dieser Blinde mehr sieht, weiß, kennt als der Sehende, kann er ihm vielleicht die Augen öffnen für seine Sichtweise des Lebens: gegen den Augen-Schein das Mögliche jetzt tun! Schön! Ein guter Einstieg, ... oder doch besser als Abschluß?

9. Sonntag nach Trinitatis

Annäherungen an den Predigttext Matthäus 13,44–46

Ulrike Schilling

Gespräch am 2. 12. 92 in der ökumenischen Frauengruppe in Reichensachsen, die in jedem Jahr den Weltgebetstag vorbereitet und sich den Rest des Jahres monatlich trifft. Wir sind an diesem Abend 9 Frauen im Alter zwischen 35 und 70.
Wir lesen die drei Verse mehrmals laut, um sie ganz bewußt in uns aufzunehmen.
Äußerungen:

- Ist das eigentlich recht, daß dieser Mann den Schatz wieder verbirgt, um ihn für sich zu behalten? Hätte er ihn nicht abgeben müssen? Wer hätte Anspruch darauf gehabt?
  Einige teilen diesen Eindruck, daß diese Aneignung eigentlich nicht rechtens sei.
- Mir fällt dazu das Märchen ein von der klugen Bauerntochter. Der Bauer in dem Märchen hat den Stößel eines Mörsers gefunden und gegen den Rat seiner Tochter dem König abgeliefert. Dieser besteht auf dem fehlenden Mörser und unterstellt dem Bauern, er hätte ihn für sich behalten.
- Was wäre mit dem Mann passiert, wenn er den Schatz abgeliefert hätte?
- Es geht doch hier gar nicht um einen konkreten Schatz. Der Acker ist doch Sinnbild; der Mensch hat den Sinn des Lebens entdeckt!
- Ich stimme zu: Es geht ums Himmelreich, und zugleich ist der Schatz hier so konkret beschrieben wie in einer Geschichte für Kinder. Schatzsuche ist spannend, und unser Sohn hat diverse Schatzkisten.
- Genau. Das macht wirklich neugierig. Da würde ich selber gerne suchen.
- Ja, und das Himmelreich liegt nicht auf der Straße sichtbar für alle oder zur Selbstbedienung im Supermarkt.
- Vielleicht hat der Mann sich zuerst geärgert, als er beim Graben auf etwas Hartes stieß, weil er dachte, es sei ein Stein. Er hat doch eigentlich gar nicht gesucht, sondern seine Arbeit gemacht.
- Der Schatz ist mehr als ein Schatz. Vielleicht muß er ihn verstecken, um zu sich zu kommen. Der Schatz hat ihn völlig überwältigt.
- Mehr Gold, als er sich je hat vorstellen können.
- Der Schatz verändert den Menschen. Er hat eine Ausstrahlung, die den Mann vollständig überzeugt.

- Wahrscheinlich ist hier gemeint, daß alle Menschen auf diesen Schatz stoßen können.
- Und was macht er dann mit dem Schatz? Das bleibt offen.
- Das ist wie Jesus selbst, der auch so eine Ausstrahlung hat, die die Menschen vollständig überzeugt. Er steckt uns an, und dann müssen wir zusehen, dann läßt er uns damit allein.
- Und dann wird's schwierig, wenn man gut sein will und sich entsprechend verhalten will. Das kann auch ausgenutzt werden. (Beipiel: Wie gehe ich mit Leuten an der Haustür um, die klingeln und etwas wollen?)
- Klar ist, mit diesem Menschen sind wir alle gemeint.

Wir nehmen nun das zweite Gleichnis in den Blick:

- Komisch, was für den Schmuckhändler oder für uns ein Schatz ist, das ist für die Auster ein Fremdkörper, den sie abwehren muß.
- Der Tagelöhner ist ein einfacher Mann. Der Schmuckhändler - glaub' ich dem? Nehm ich dem seine Suche ab? Ein Händler haut doch manche übers Ohr. Den Wert kann er natürlich am besten einschätzen.
- Ob die beiden dasselbe empfinden bei ihrem Fund?
- Der Kaufmann sucht, der Tagelöhner wird überrascht.
- Aber ob der Kaufmann danach gesucht hat?
- Jedenfalls gibt es verschiedene Wege zum Schatz, gezielte Suche, aber auch den normalen Alltag mit seiner Arbeit.
- Manche Menschen sind ständig auf der Suche nach dem Sinn, und manchen wird es einfach geschenkt.
- Ich: Wie geht es Ihnen persönlich mit dem Schatz?
- Das find ich gut, ich kann den Schatz finden. Das ist nicht unmöglich.
- Ich habe den Schatz gefunden und freue mich darüber.
- Ich habe auch den Schatz gefunden, weil Jesus mir nachgegangen ist. Jetzt muß ich immer neu überlegen, welche Prioritäten ich setzen muß.
- Mal ist er mir näher, mal ferner.
- Die Aussicht auf den Schatz gibt mir Kraft.
- Die Gewißheit, daß der Schatz da ist, macht mich lebendig.
- Mit dem Schatz kann ich abgeben oder loslassen, wofür ich nicht sorgen kann, z.B. jetzt, wo ich meine Tochter mit ihrem neuen Führerschein fahren lassen muß. Sonst könnte ich doch gar nicht mehr schlafen.
- Ich: Was ist das Himmelreich für Sie?
- Manchmal erlebe ich das als ein tolles Gefühl, gut sein zu können.
- Das Himmelreich ist etwas Gutes, vielleicht der Frieden in mir selber.
- Das fühlt man. Manchmal durchströmt es mich, z. B. in der Natur.
- Und manchmal läuft man wirklich mit geschlossenen Augen durch die Welt und sieht nichts. Ich hatte auch mal so eine Phase, da sah ich keine Sterne, nichts. Das ist jetzt zum Glück wieder anders.
- Ja, es kann auch zugedeckt werden.

- Das Himmelreich ist das Eigentliche.
- Ich: Jetzt haben wir doch den ganzen Abend für diese drei Verse gebraucht. Das hätte ich nicht gedacht. Aber mir hat das gutgetan, gerade die Zeit und die Ruhe, die Gedanken kommen zu lassen.
- Eine (60jährige): Früher, da haben wir ja auch diese Texte alle gelesen und in der Bibelstunde besprochen. Aber jetzt reden wir ganz anders darüber.

Zum Gottesdienst

Bernd Giehl

Theologisch-homiletische Skizze

Ums Finden geht's. Das möchte ich festhalten, bevor ich mich an die Kommentare und die übrige Fachliteratur heranmache und mich dort womöglich in einem Labyrinth von kleinen und kleinsten Einfällen verirre. Ums Finden geht's und um das Glück, das mit dem Akt des Findens verbunden ist. Oder sollte der Ton vielleicht doch noch mehr auf den Konsequenzen des Findens liegen? Denn eins ist sicher: das Finden ist nur der Anfang. Was hernach folgt, wird nur angedeutet. Aber gerade durch ihre Kürze provozieren diese beiden Geschichten dazu, sie fortzusetzen, sich in die Lage derer hineinzuversetzen, die da einen Schatz finden, der vielleicht jahrhundertelang in einem Acker versteckt lag, oder in den Kaufmann, der eine Perle entdeckt, die ihm wertvoller scheint als alles, was er bisher gesehen hat.

Während ich mir noch über den Sinn dieser beiden Kürzestgeschichten klarzuwerden versuche, die ja nicht nur zur Unterhaltung der Zuhörer erzählt worden sind, fallen mir zwei weitere Geschichten ein, die jede auf ihre Weise ein besonderes Licht auf unser Doppelgleichnis werfen. Die eine ist die von Archimedes in der Badewanne, der plötzlich »Heureka« (»Ich hab's gefunden«) gerufen haben soll, als er die Sache mit dem Auftrieb entdeckte. Und nun stelle man sich nur einmal probeweise vor, was geschehen wäre, wenn er diese Entdeckung für sich behalten hätte ... Und die andere Geschichte ist die vom reichen Jüngling aus Markus 10,17-27 parr. Auch er einer, der findet - der vielleicht sogar den Fund seines Lebens macht - der aber dann nicht bereit ist, die nötigen Konsequenzen zu ziehen. Auch das ist ja eine Geschichte vom Finden, nur ist es alles andere als eine Geschichte vom Glück.

In unserem Doppelgleichnis jedoch sind die Finder glücklich über den »Schatz«, den sie gefunden haben. Auch das möchte ich festhalten, ehe ich mich jetzt der Frage zuwende, ob diese Gleichnisse mehr als *eine* Pointe haben. Oder einfacher gesagt: Geht es in diesen beiden Gleichnissen womöglich um beides: das Finden und die Konsequenzen, die aus ihm erwachsen? Die meisten Theologen und Theologinnen werden in ihrem Studium von Joachim Jeremias und Eta Linnemann gelernt haben, daß es immer nur *einen* Punkt gibt, der aus der »Bildhälfte« in die »Sachhälfte« hinüberragt, das sogenannte »tertium comparationis«. Die neuere Gleichnisforschung (vgl. dazu John Dominic Crossan »In parables«, New York et al. 1973, Dan O. Via »Die Gleichnisse Jesu«, München 1970) hat uns jedoch gelehrt, daß die Gleichnisse mehr sind als nur Bilder einer schon bekannten Sache, die man infolgedessen im Verhältnis 1:1 übersetzen muß. Die Gleichnisse Jesu reden von der Herrschaft Gottes eben nicht wie von einer schon allen bekannten Sache. Gerade weil sie so unerhört neu und einzigartig ist, gelangt der, der von ihr reden will, schnell an die Grenzen der Sprache. Er muß sich deshalb eine Sprachform suchen, die geeignet ist, das auszudrücken, was er zu sagen hat. Und dafür eignet sich nun das Gleichnis wie keine andere Form. Die Gleichnisse Jesu nämlich überschreiten das Bekannte, immer schon Vorgefundene ein Stück weit und nehmen so den Hörer oder Leser mit in eine lebendige Bewegung hinein, die etwas in seinem Leben verändern kann. Wer will, kann sich dem Gleichnis anvertrauen, seiner (oft) unerwarteten Pointe nachsinnen und sich vom ihm verführen lassen, auf eine Welt zu setzen, die er so noch nicht kannte und die erst in der Verkündigung Jesu aufscheint.

Fragt sich natürlich, ob es das Moment der Überraschung, das vor allem John Dominic Crossan in den Gleichnissen Jesu als das entscheidende Moment aufgedeckt hat, auch in diesen beiden kleinen Gleichnissen gibt. Mir scheint es vor allem im zweiten Gleichnis vorzuliegen, wo der Kaufmann, der doch gewiß ein vorsichtig rechnender, kühler Kopf ist, alles auf eine Karte setzt, um in den Besitz dieser *einen* Perle zu kommen. »Er verkaufte alles«, so heißt es im Text. In der ersten Geschichte liegt das Überraschungsmoment im Anfang, denn wer findet in seinem Alltag schon einen Schatz?

Was aber ist denn nun die Pointe dieses Doppelgleichnisses? Wie zu erwarten, finden die Kommentatoren zu unterschiedlichen Schlüssen. Joachim Gnilka (»Das Matthäusevangelium«, 1. Teilband, Freiburg 1986) stellt das Glück des Findens in den Vordergrund. »Christsein ist ein Glücksfall«, so heißt es bei ihm. »Der Schatz wird von denen gefunden, die ihn nicht suchen. Die Freude müßte ein christliches Existential werden, damit nicht der Spott des Spötters zutrifft: Sie müßten mir erlöster dreinschauen, wenn ich an ihren Erlöser glauben soll. (Nietzche).« (aaO. S. 507) Für Ulrich Luz dagegen (»Das Evangelium nach Matthäus«, 2. Teilband, Mt 8–17, Zürich/Braunschweig 1990) kommt es dem Erzähler auf den »entschlossenen Einsatz des Finders an, der auf alles übrige (verzichtet), um das Himmelreich zu erwerben« (aaO. S. 352). Nach Luz reden diese beiden Gleichnisse – nicht nur im Kontext des Matthäusevangeliums – vom Verzicht auf Besitz als Konsequenz der Nachfolge des armen Mannes aus Nazareth.

Für mich jedoch ist das keine wirkliche Alternative. In diesen beiden Gleichnissen ist – so denke ich – beides gemeint: das Glück des Findens wie auch die Konsequenzen, die daraus folgen. Eigentlich ist das ja auch logisch. Wer etwas gefunden hat, was sein Leben von Grund auf verändert, der kann nicht so weiterleben, als wäre da überhaupt nichts passiert. Diese Gleichnisse wollen unser Leben verändern, dafür werden sie erzählt. Wir sind es, die den Schatz finden können. Aber dazu müssen wir auch bereit sein, etwas einzusetzen. Dann erfahren wir auch, was der »Himmel« ist, von dem jedes Gleichnis, das Jesus erzählt hat, auf seine Weise handelt.

Vorschläge zur Liturgie

Lieder
EG 302 »Du meine Seele singe«, Singe Christenheit 702, »Singt dem Herrn ein neues Lied«; »Weißt du, wo der Himmel ist«

Kollektengebet
Herr, dir alles zutrauen,
darauf kommt es an,
immer wieder,
jeden Tag
so auch heute.
Öffne unsre Ohren,
daß wir hören,
was du für uns tust.

Schlußgebet
Neu anfangen –
was für ein Wort, Gott,
wie gut das klingt,
aber auch wie schwer.
Neu anfangen –
wie oft würden wir das gerne tun,
aber dann fehlt uns das Vertrauen darauf,
daß es möglich ist.
Herr, bei dir können wir lernen,
daß Neuanfang möglich ist,
daß der Himmel nah ist
und nicht unerreichbar weit weg.
Laß uns einen Zipfel
des Himmels zu fassen bekommen, Gott,

Vorschlag zur Predigt

Möglicher Anfang
»Papa«, fragt die kleine Tochter und klettert ihrem Vater auf den Schoß, »Papa, kannst du mir sagen, wo der Himmel ist?«
Der Papa ist gerade wieder einmal mit der Lektüre seiner Zeitung beschäftigt. Eine spannende Reportage über Südafrika und seinen mühsamen Weg zum inneren Frieden. »Da oben«, sagt er und zeigt mit dem Finger zur Decke, »da oben ist der Himmel. Da, wo die Flugzeuge fliegen.«
»Aber Frau Meyer hat im Kindergottesdienst gesagt ...« Ach ja, denkt der Vater, immer diese Frau Meyer. Und er weiß auch schon, es wird ihm nichts helfen. Aber so schnell will er noch nicht aufgeben. »Der Himmel«, sagt er und tut so, als ob er immer noch den Artikel über Südafrika lese, »der Himmel ist da, wo der liebe Gott wohnt. Und der hat seinen Palast nun mal über den Wolken.«
Einen Moment lang ist Ruhe. Ob sie mich wohl in Frieden läßt? denkt der Vater, aber da fängt die Tochter wieder an. »Papa, wir haben ein Lied gelernt. Das ging so.« Und schon fängt sie an zu singen. Eine Melodie ist nicht zu erkennen, aber die Worte sind zu verstehen: »Weißt du, wo der Himmel ist, außen oder innen ...« dann bricht das Lied ab. »Weiter weiß ich nicht. Am Schluß heißt es: ›Du bist mittendrinnen.‹ Papa, sind wir mittendrin im Himmel?«
Resigniert läßt der Vater die Zeitung sinken. »Was hast du gefragt?« »Ob wir mittendrin im Himmel sind, hab ich gefragt.« Der Vater denkt eine Weile nach. Dann umarmt er seine Tochter. Wortlos. »Weißt du was?«, sagt er schließlich, »wenn wir beide uns ganz fest drücken, dann sind wir mittendrin. Mitten im Himmel.«

Zum weiteren Verlauf
Eine überraschende Entdeckung, die die beiden da gemacht haben. Da ich bei meinen Zuhörern jedoch noch einige Widerstände gegen diese Interpretation eines geheiligten Wortes vermute, möchte ich zunächst einmal auf die Schwierigkeiten eingehen, die sie beim Begriff des Himmels wahrscheinlich haben. Als Kind hat man sich diesen »Himmel« ganz gut vorstellen können. Es war der Ort, wo Gott wohnt und wo man nach dem Tode hinkommt. Diesen Himmel konnte man sich ausmalen, und man wußte auch, welche Vorteile er einem bot (keine schimpfenden Eltern mehr, Erfüllung der meisten, sonst unerfüllten Wünsche) aber zugleich war er doch weit entfernt. Mit zunehmendem Alter wachsen dann aber die Schwierigkeiten, diesen Begriff überhaupt noch mit Leben zu füllen.
Unsere beiden Gleichnisse jedoch reden ganz unbefangen vom Himmel, allerdings nicht wie von einem weit entfernten Ort, sondern wie von etwas, was unter uns geschehen kann – jetzt und nicht erst in irgendeiner sagen-

haften Zukunft. Dieses Geschehen ist gewiß nicht alltäglich – wer findet schon einmal einen Schatz? – aber immerhin möglich.
Da ich vermute, daß meinen Zuhörern das Gleichnis vom Perlenkaufmann näher ist (er kann immerhin etwas dafür tun, seinen »Schatz« zu finden) untersuche ich es noch einmal näher daraufhin, was es über dieses Geschehen, das Jesus »Himmel« (oder besser »Einbruch der Gottesherrschaft«) nennt, aussagt. Ich erzähle vom hohen Preis der Perle, von der Überlegung des Kaufmanns, ob er wirklich »alles« daransetzen will, die Perle zu kaufen, von dem Risiko, das er dabei eingeht und meiner Vermutung, daß die Geschichte am Ende gut ausgeht, der Kaufmann also durch den Kauf nicht ruiniert wird. Das Fazit dieser Nacherzählung wird heißen: »Es dämmert uns, wovon Jesus hier spricht. Ein Mensch, der einen Zipfel des Himmels zu fassen bekommt und dann nicht mit beiden Händen zugreift, der ist ein unverbesserlicher Narr.«
Worum es nun gehen muß, das ist, diese beiden Gleichnisse vom Finden in unsere Alltagswirklichkeit umzusetzen. Da Gleichnisse (fast immer) mehr als nur einen Sinn haben, gibt es hier auch mehr als nur *eine* Möglichkeit der Übertragung. Ich entscheide mich für eine Erfahrung, die ich mit vielen Menschen teile: das Eingeschnürtsein im Korsett des Alltags. Hineingezwungen in Termine und Verpflichtungen, getrieben von Zeitnot, unter dem Druck, mir immer etwas Neues einfallen lassen zu müssen, kann ich oft nur noch funktionieren wie eine Maschine ohne eigenen Willen. Ich arbeite sechs, sieben Tage in der Woche, und was bleibt, ist manchmal nichts als ein tiefes Gefühl der Unzufriedenheit. Aber hin und wieder mache ich auch die Entdeckung, daß es noch anderes gibt: Quellen der Lebendigkeit. Das kann eine kreative Tätigkeit sein (Malen, Geschichten schreiben, Theater spielen) oder irgendein Hobby. Das kann notfalls aber auch die Entdeckung sein, daß man sein Leben falsch organisiert hat und der Mut, dieses Leben teilweise oder ganz zu ändern.

Möglicher Schluß
»In unserem Gleichnis machen zwei ganz unterschiedliche Menschen eine Entdeckung, die ihr ganzes bisheriges Leben von Grund auf verändert. Nur dürfen sie jetzt nicht warten, bis womöglich ein anderer ihnen ihren Fund vor der Nase wegschnappt, sondern sie müssen beherzt mit beiden Händen zugreifen.
So wie hier hat Jesus eigentlich in fast allen seinen Gleichnissen von der Möglichkeit des neuen Lebens gesprochen. Vielleicht kann man ihn überhaupt so beschreiben: Jesus war einer, der anderen neue Horizonte eröffnete. Der ihnen den Mut gab, noch einmal etwas Neues anzufangen. Nicht daß er das von sich aus tat. Er konnte das, weil er auf die Möglichkeiten Gottes vertraute, die allemal größer sind als unsere menschlichen Möglichkeiten. Und wenn ich den Bogen noch etwas weiter spanne, kann ich sagen: Die ganze Bibel hindurch kann man diesen Faden verfolgen, angefangen

bei Abraham und Sara, denen im hohen Alter noch ein Kind verhießen wird, bis zu dem schönen Satz in der Offenbarung: »Siehe, ich mache alles neu.«

So wäre der Himmel also kein Ort, an den wir irgendwann, nach unserem Tod gelangen? Wenn ich unseren Predigttext richtig verstehe, dann sagt er: Der Himmel geschieht. Vielleicht heute. Vielleicht in diesem Gottesdienst. Dann nämlich, wenn ein oder zwei begreifen: ich kann heraus aus der Enge meines Lebens. Ich muß nicht auf Veränderung warten, bis ich tot bin. Ich kann *jetzt* leben, ich kann etwas verändern, ich brauche mir nicht mehr gefallen lassen, daß ich immer nur von anderen gelebt werde.

Damit bin ich nun an der Grenze angekommen, die meiner Predigt gesetzt ist. Was Sie daraus machen, das müssen Sie für sich selbst entscheiden. Die Verantwortung für Ihr eigenes Leben kann Ihnen niemand abnehmen. Aber einen Satz möchte ich Ihnen doch noch mit auf den Weg geben, einen Satz, von dem ich hoffe, daß er Sie auch noch nach Hause begleitet. »Ein Mensch, der einen Zipfel des Himmels zu fassen bekommt und dann sagt: Jetzt muß ich mich aber erst einmal um mein Essen kümmern, der ist ein unverbesserlicher Narr.«

Lied: »Weißt du, wo der Himmel ist«

Die Autorinnen und Autoren

Pfarrer Eschel Alpermann, Mannheim; Arbeitskreis Gottesdienst der St. Jürgen-Gemeinde Lübeck; Pfarrerin Barbara Berg, Braunschweig; Pfarrer Gottfried Brezger, Berlin; Pfarrer Anselm Friederich, Heidelberg; Pfarrer Bernd Giehl, Wiesbaden-Delkenheim; Pfarrer Helmut Gröpler, Neuruppin; Sonderpädagogion Susanne Gröpler, Neuruppin; Pfarrer Friedrich Holze, Rehburg-Loccum; Pfarrer Bernhard von Issendorff, Wiesbaden; Pfarrer Dr. Reinhard Kirste, Iserlohn; Pfarrer August Friedrich Kleppel, Kaiserslautern; Pfarrer Helmut Liersch, Braunschweig; Pfarrer Klaus von Mering, Langeoog; Pfarrer Uli Müller-Weißner, Landau-Nußdorf; Pfarrer i.R. Hans Reinhard Rapp, Hermannsburg; Pfarrerin Ulrike Schilling, Kiel; Pfarrer Dieter Schupp, Kaiserslautern; Pfarrer Traugott J. Simon, Marburg; Pröpstin Helga Trösken, Frankfurt/Main.

Meine Lieder

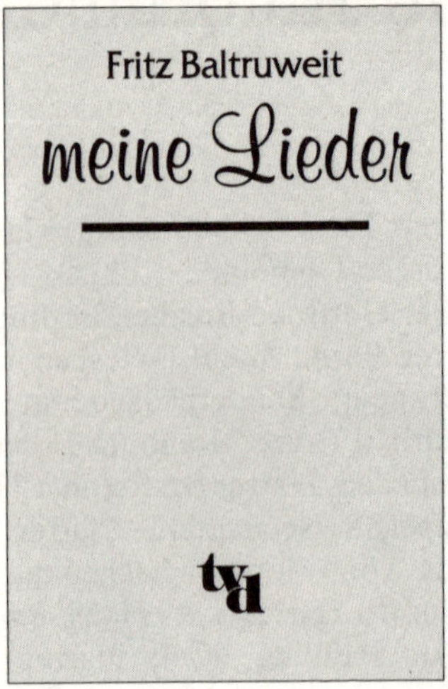

Mit 180 Titeln erscheint hier zum ersten Mal ein Querschnitt durch das Liedschaffen von Fritz Baltruweit. Die meisten Lieder sind zum gemeinsamen Singen gedacht, im Gottesdienst oder zu anderen Gelegenheiten. So gehen die Melodien schnell ins Ohr und können leicht mitgesungen werden. Ca. 30 Lieder sind auf einer Beispiel-CD/MC enthalten.

	ISBN 3-926512-15-6	
	tvd 9410.1	DM 14,80
MC	tvd 9408.2	DM 24,50
CD	tvd 9408.6	DM 29,80

Meine Liedertüte

In der Liedertüte sind 28 der schönsten Kinderlieder von Fritz Baltruweit aus den letzten 9 Jahren versammelt. Es sind vor allem Lieder zum Mitsingen, die in der Gemeindearbeit und in der Schule gewachsen, gereift und erprobt sind. Die „Tüte" ist eigentlich eine kleine Leinentasche, bedruckt mit dieser schönen Zeichnung, die dringend von Kindern ausgemalt werden will, gefüllt mit zwei Cassetten und einem Singheft. Im Singheft sind sogar noch drei Geschichten und vier weitere kleine Lieder als Zugabe drin, außerdem ein thematisches Inhaltsverzeichnis. Das Heft kann auch einzeln bestellt werden.

tvd 9308.2	Meine Liedertüte	DM 35,00
tvd 9308.3	Singheft einzeln (48 Seiten)	DM 5,00

tvd

Bestelladresse:
tvd-Verlag GmbH, Postfach 32 11 11,
40426 Düsseldorf Fax: 0211/445504